W0052206

Sieglinde Mörtel · Stephan Laudien

Jena

Geschichten und Anekdoten

Kuba-Orangen und Goldbroiler

Bildnachweis:
Titelfoto: ullstein-Fritz Eschen
Archiv Stadtmuseum Jena: S. 4, S. 19, 67; Dieter Urban: S. 13, 50; Claudia Laudien: S. 15; Rainer Küster: S. 29; Stephan Laudien: S. 33; Peter Poser: S. 43; Amateurfilmcentrum / Peter Gallasch: S. 53; Rolf Goethe: S. 62, 64; ullstein-Ihlow: S. 69; FOTO EXPRESS Gerd Gräfendorf e. K.: S. 76

1. Auflage 2014
Layout: Zay Design, Potsdam
Satz: Schneider Professionell Design, Schlüchtern-Elm
Druck: Hoehl-Druck Medien + Service GmbH
Buchbinderische Verarbeitung:
Buchbinderei S. R. Büge, Celle
© Wartberg Verlag GmbH & Co. KG
34281 Gudensberg-Gleichen, Im Wiesental 1
Telefon: 05603/93050
www.wartberg-verlag.de
ISBN: 978-3-8313-2207-7

Inhalt

Vorwort 5

Der letzte Laternenanzünder Jenas 6

Anita erzählt vom Wochenmarkt 9

Die Volkspolizei, dein Freund und Helfer 14

Wenn der Ural auf dem Markt parkte 17

Die Prüfung 23

Wie einst das Zeiss-Grab verlegt werden sollte 32

Termin in der Bachstraße 35

Es war nicht alles schlecht im Paradies 41

Landung auf dem „Platz der Kosmonauten" 48

IMI und Baumwollschlüpfer 55

Die Feuerzeug-Tankstelle am Steinweg 57

Kunst ohne Worte 61

Die Schlange am Kindergeschäft 65

Im Café Orchidee 68

Die Geschichte von Frau B. 73

Musikalische Wiedervereinigung 75

Der Minensuchhund 77

Blick auf die Baustelle des „Uniturmes", der 1972 eingeweiht wurde.

Vorwort

Es ist schon eine komische Sache, in einem Land aufgewachsen zu sein, das plötzlich von der Weltbühne verschwunden ist. Komisch, weil die Obersten in diesem Land ganz viel Mühe darauf verwendet hatten, auf eben dieser Weltbühne ernst genommen zu werden. Inzwischen sind Jahre vergangen und vieles wurde geschrieben über dieses Land, über die größte DDR, die es je gegeben hat.

Wir wollen nun ein paar Geschichten beisteuern. Keine großen Geschichten, nichts Staatstragendes zumal. Unsere Geschichten spielen in der Industriestadt Jena und spiegeln den Alltag der Menschen wider, in dem gelacht, geliebt und getanzt wurde. Das Leben hielt wie überall Überraschungen und Hürden bereit. Unsere Geschichten erinnern an das Schlangestehen, die „Freunde" aus der Sowjetunion, eine Hau-Ruck-Aktion des Zeiss-Generals Biermann, den letzten Laternenanzünder Jenas und wertvolle Geschenke aus dem Westen.

Wir erzählen, wie Menschen in Jena ihr Leben meisterten, nämlich mit Einfallsreichtum, Herz und Verstand.

Viel Vergnügen wünschen

Sieglinde Mörtel und Stephan Laudien

Der letzte
Laternenanzünder Jenas

Noch Anfang 1970 sah man in Jena jeden Abend einen kleinen Mann, der, mit einem blauen Rock bekleidet und einem langen Stab bewaffnet, durch die Straßen ging. Zielstrebig steuerte er Laterne nach Laterne an, wobei er jedes mal mit dem gut drei Meter langen Stecken hantierte. Erich Dennstedt war der letzte Laternenanzünder Jenas. Von 1958 an versah er sein Amt gewissenhaft. Was ihm nicht immer leichtfiel. Vor allem, weil er ein wenig verwachsen war. Als Dreijähriger erkrankte er an Rachitis, der sogenannten Englischen Krankheit. So lernte er erst mit fünf das Laufen, wurde erst mit acht eingeschult.

Erich Dennstedt wollte Bäcker oder Schuster werden, beides verboten ihm die Ärzte. So schlug er sich mit Gelegenheitsarbeiten durchs Leben. Für die Stadtreinigung arbeitete er als Straßenkehrer, später bei Zeiss als Fahrstuhlführer und in der Materialausgabe. Bis er 1958 die Arbeit als Laternenanzünder bei den Stadtwerken annahm. Von da an ging Erich Dennstedt jeden Abend seine Runde durch die Straßen, die Gaslaternen anzünden. Mit seinem Stab, an dessen Ende sich ein Haken befand, zog er am Ventilring der Laterne. Das ausströmende Gas entzündete sich an der Zündflamme und brachte den Glühstrumpf zum Leuchten.

Manchmal wurde der kleine Mann von einer johlenden Schar ausgelassener Jungen verfolgt. Die Bengel machten sich einen Spaß daraus, an den gerade entzündeten Laternen hochzuklettern und sie wieder zu löschen. Erich Dennstedt rannte ihnen schimpfend hinterher; einholen konnte er sie nicht.

Das moderne Gaslicht erhellte Jena vom 11. Oktober 1862 an. An diesem Tag nahm das erste Jenaer Gaswerk seinen Betrieb auf. Es befand sich in der Saalbahnhofstraße, auf dem Gelände, das heute die Berufsfeuerwehr nutzt. Zunächst wurde Steinkohle vergast, später konnte die billigere Braunkohle verwendet werden. Die Gaslaternen lösten die Ölfunzeln ab, die bis dahin für die Straßenbeleuchtung verwendet worden waren. Bald eroberte das Gaslicht sogar die Haushalte. Auch wurde das Leuchtgas zunehmend zum Kochen verwendet. Weil das alte Gaswerk nicht ausreichte, wurde 1892 ein zweites Gaswerk in der Saalbahnhofstraße errichtet. Nur dreizehn Jahre später nahm ein weiteres Gaswerk in der Löbstedter Straße die Arbeit auf, das bis 1965 in Betrieb war. Mitte der 1960er-Jahre wurde Jena an eine Ferngastrasse angeschlossen, von da an belieferte der VEB Gaskombinat Schwarze Pumpe die Stadt.

Für Erich Dennstedt spielte das keine Rolle. Wichtig war für ihn vor allem die Rathausuhr. War sie doch die maßgebliche Uhr, nach der sich alle Laternenanzünder zu richten hatten. Neben Dennstedt arbeiteten etwa acht bis zehn Männer und Frauen als Anzünder. Jeder hatte einen Ablaufplan, auf dem die Uhrzeiten festgelegt waren, an denen die Laternen entzündet werden mussten. Am frühen Morgen des nächsten Tages mussten die Anzünder ihre Runde erneut gehen. Wieder wurde der Ventilring der Laternen betätigt, das Licht ging aus. Zu den Aufgaben der Laternenanzünder gehörte es weiterhin, die Lampengläser zu reinigen und die Brenner sauber zu halten. Im Winter mussten Düsen und Leitungen mit Spiritus vom Eis befreit werden. So mancher Anzünder hatte sich angewöhnt, ab und zu einen Schluck Spiritus zu nehmen. Der Spruch „einen auf die Lampe gießen" hat hier seinen Ursprung.

Nach und nach verloren die Laternenanzünder ihre Arbeit, nachdem das elektrische Licht seinen Siegeszug angetreten hatte. Erich Dennstedt war schließlich der letzte seiner Zunft. Doch 1970 war endgültig Schluss, die Gaslaternen in der Stadt erloschen. Heute wird Jena vorrangig durch Natriumdampflampen beleuchtet und manche Straßenzüge sind sogar schon mit LED-Lampen ausgerüstet. Doch halt: Seit einigen Jahren sind Wagnergasse und Quergasse am Abend wieder ins warme Licht der Gaslaternen getaucht. Auch an der Bücherstube gleich neben dem Johannistor gibt es wieder eine Gaslampe. Erich Dennstedt hat nicht mehr erlebt, dass sie in Betrieb gegangen sind. Aber gefallen hätte es ihm bestimmt, dem kleinen Mann mit der Uniform und dem langen Stab.

Anita erzählt vom Wochenmarkt

Anfang der 1960er-Jahre – ich war schon ein Schulkind – nahm mich meine Großmutter in den Ferien oft mit auf den Jenaer Wochenmarkt. Die Großeltern besaßen viele Obstbäume und Oma Lene verkaufte die Früchte auf dem Markt. In den Sommerferien waren es anfangs Kirschen und im August Kornäpfel, in den Herbstferien Äpfel, Birnen und Pflaumen.

Es war wieder einmal ein Markttag in den Herbstferien. Wir brachen sehr früh auf, was mir gar nicht gefiel. Es war noch stockdunkel. Aber um sechs Uhr wollte die Großmutter an ihrem Stand stehen, weil die meisten Leute um sieben mit der Arbeit begannen und vorher über den Wochenmarkt gingen. Wir fuhren also mit dem ersten Linienbus des Tages nach Jena hinein. Gertrud, eine der Marktfrauen, hatte für uns schon ein Stück auf einem der Verkaufstische reserviert. Diese Tische bestanden aus zwei Holzböcken mit einer Platte darüber und wurden am Ende des Markttages vom Marktmeister und seinen Helfern irgendwo verstaut. Wo genau, das kriegte ich nie mit, denn bis die kamen, hatten wir unsere Ware längst verkauft. Wir waren noch dabei, Äpfel und Birnen dekorativ auf der Platte anzuordnen, als der Marktmeister auftauchte, um die Standgebühr zu kassieren. Er hatte stets einen Scherz auf den Lippen und die Marktfrauen kreischten und riefen ihm ihrerseits freche Sprüche zu.

Oma hatte inzwischen nach der Tafel mit den Preisen geschaut und schimpfte: „Nur 60 Pfennige für die schönen Boskop!" Dann ging sie los, einen weiteren Tragkorb mit Früchten sowie ihre Waage zu holen. Beides stand bei Tante Friedel, die Unterm Markt wohnte, in einem langen Flur vor der eigentlichen Wohnungstür. Der Großvater hatte den Korb dort auf dem Weg zur Arbeit abgestellt. Opa war nicht mit uns im Linienbus gefahren, sondern mit dem Schott-Bus für die Betriebsangehörigen. Andere Leute aus dem Dorf fuhren mit dem Zeiss-Bus. Ich blieb inzwischen bei Gertrud, die der Oma hinterherrief: „Was nimmsten fer de Bern?" Was heißen sollte: Was kosten bei dir die Birnen? Manchmal, wenn es sehr kalt war oder regnete, schickte mich Oma zu Tante Friedel, die mich mit Kakao und Plätzchen verwöhnte.

Hinter den meisten Verkaufstischen standen Frauen, nur hin und wieder war einmal ein Mann zu sehen. Die Marktweiber trugen häufig Kittelschürzen und Kopftücher. In der Morgenkälte hatten sie natürlich noch Mäntel an. Viele kannten mich schon und riefen: „Hallo Anita, hilfst du wieder mal der Oma?" Manche nannten mich auch Anittchen, was ich nicht leiden konnte. Aber ich sagte nichts, weil alle freundlich zu mir waren.

„Ist Ida von Schernz schon da?", fragte eine Frau im Vorbeigehen. Ich dachte, eine adlige Dame würde erwartet, aber es handelte sich um eine liebe alte Oma, die nur Blumensträuße verkaufte. Mit Schernz war das Dorf Schirnewitz gemeint, wo sie wohnte. Die Einnahmen aus dem Blumenverkauf reichten vermutlich gerade für das

Fahrgeld und eine Tasse Kaffee. Ida wollte einfach unter Leute. Ehe sie sich auf den Heimweg machte, schenkte sie mir ihren letzten Asternstrauß.

Es gab noch eine andere Ida, die kam aus dem Gembdental und handelte mit Suppengrün und Anbrennholz-Bündeln. Sie schaute stets grimmig unter ihrem weit in die Stirn gezogenen schwarzen Kopftuch hervor, sodass ich beim Herumschlendern vorsichtshalber einen Bogen um sie machte. Gern ging ich zum Stand von Frau Maliege. Ich brauchte nur eine kleine Frage zu stellen, dann erzählte sie stundenlang. Oma nannte sie eine alte Schwatzdrossel, aber ich hörte gern zu und ihre Goldparmänen schmeckten mir. Sie erklärte, dass ihr Name eigentlich Malijeesch ausgesprochen würde, weil ihre Familie von den Hugenotten abstamme. Ich hatte keine Ahnung, was das für Leute waren, aber wahrscheinlich waren sie sehr klug, denn Frau Maliege wusste einfach alles. Sie schwatzte gleichzeitig mit mir, ihrer Standnachbarin und einer Kundin, ohne sich beim Wechselgeld zu verzählen, welches sie aus einer goldenen Blechschachtel kramte.

Die Blumenfrau gegenüber rief: „Lene, schick mir mal dein Anittchen rüber!" Sie schickte mich zum Bäcker, eine Groschensemmel holen. Wurst hatte sie von zu Hause mitgebracht. Es kam oft vor, dass ich für die Frauen kleine Wege besorgte. Zur Belohnung erhielt ich manchmal einen Groschen oder ein Hörnchen oder wie diesmal ein Stück von der Knackwurst. Ich übernahm auch die Vertretung, wenn jemand zur Toilette musste. Sogar die Waage konnte ich bedienen. Wichtig war dabei, die Früchte sacht in die Schale zu legen, damit sie keine Flecken bekamen. Wurde ein Pfund verlangt, benutzte ich das Gewicht mit der Aufschrift 500g, bei zwei Pfund das, worauf 1kg stand. Nur Leute anzusprechen so wie Oma: „Na, junge Frau, noch ein paar schöne Äpfel?", traute ich mich nicht.

Das Markttreiben mit Ständen voller Obst, Gemüse und Blumen und den dazwischen umherlaufenden Menschen wurde bewacht vom Hanfried, der auf seinem Sockel alles überragte. Um den Knauf seines aufragenden Schwertes hing ein Kranz aus Fichtenreisig, ähnlich wie ein Adventskranz, nur ohne Kerzen. Ich fragte Frau Maliege danach. „Da hat an der Uni wieder einer seinen Doktor gemacht", sagte sie. Wie derjenige seinen Kranz über die Schwertspitze gebracht hatte, ob durch Zielwerfen oder mittels einer Leiter, wusste sie jedoch nicht.

Gertrud leerte einen Beutel Walnüsse, die noch in ihrer grünen Schale steckten in den Einkaufskorb einer Dame. Wenn unser Baum üppig getragen hatte, verkaufte Oma Lene auch Walnüsse. Aber wir entfernten zu Hause die äußeren Hüllen, wobei wir alte Handschuhe trugen. Sonst bekam man braune Finger. Auf meine Frage erklärte Gertrud, dass diese Kundin eine Ärztin wäre und die Nüsse wegen der grünen Schalen kaufe. „Stell dir vor, sie kocht die Schalen aus und wäscht sich damit!" Das wollte ich lieber nicht ausprobieren. Später kamen ein paar Studenten vorbei und fragten Oma Lene scherzhaft: „Na Mutter, verkaufen Sie jetzt auch hübsche kleine Mädchen mit Zöpfen?" Wir fühlten uns beide geschmeichelt;

Markttag in Jena in den 80er-Jahren.

ich, weil sie mich hübsch fanden, Oma, weil sie angedeutet hatten, sie hielten sie für meine Mutter.

Neben dem offiziellen gab es noch einen inoffiziellen Handel auf dem Markt. Unterm Ladentisch oder besser unterm Standbrett hielt die Großmutter in einer Tasche für Stammkunden in Zeitungspapier gewickelte Eier bereit. Die übergab sie jedes Mal mit einem Verschwörerlächeln und den Worten „ganz frisch". Heute hatte sie sogar ein geschlachtetes Kaninchen für Herrn Henske dabei. Als dieser sein Bündel abholte, sah ich die pelzige Kaninchenpfote hervorlugen. Der Großvater legte Wert darauf, dass eine Pfote drangelassen wurde, damit die Städter nicht glaubten, er würde ihnen eine geschlachtete Katze andrehen. Wahrscheinlich war der Handel mit Eiern und Kaninchen nicht gestattet, sonst würde er nicht so heimlich vonstatten gehen. Oma war da nicht die Einzige; auch an anderen Ständen wechselten gut eingewickelte Päckchen den Besitzer.

13

Unsere Körbe leerten sich. Oma rief: „Die letzten Birnen, drei Pfund für eine Mark!" Dann war es geschafft und wir brachten die Waage und die leeren Tragkörbe zu Tante Friedel. Die Waage blieb dort und die Körbe holte Opa nach Feierabend.

Oma Lene und ich gönnten uns erst einmal eine Brühe mit Ei in der Gaststätte „Zur Noll". Danach machten wir Einkäufe, die nicht im Dorfkonsum erledigt werden konnten, vor allem beim Bäcker. Denn Omas Maxime lautete „Konsumbrot nur in höchster Not". Für mich gab es Bonbons oder Abziehbilder. Als wir alles beisammen hatten, trabten wir in Richtung Inselplatz, wo der Bus abfuhr. Wie fast immer war noch Zeit für eine Einkehr ins „Cafe Freundschaft" am Steinweg.

Die Volkspolizei, dein Freund und Helfer

„Halt, Deutsche Volkspolizei! Verkehrskontrolle!" Unmissverständlich zeigt einer der beiden Polizisten an, wo Otto sein Auto hinstellen soll. Wir schreiben das Jahr 1958 und der Steinmetz hat eine brisante Fracht auf seinem einachsigen Hänger liegen: die bronzene Grabplatte Martin Luthers. Das Kunstwerk war einige Zeit im Jenaer Lutherhaus gelagert worden, weil die Stadtkirche St. Michael in die Kur genommen wurde. Die zahlreichen Kriegsschäden mussten beseitigt werden. Nun ist es an der Zeit. Die Grabplatte Luthers, die

Die Grabplatte Martin Luthers in der Jenaer Stadtkirche.

seit 1571 in Jena aufbewahrt wird, kann in das Gottes-
haus zurückkehren.

Mit seinem Opel Kapitän ist Otto im Schritttempo vom Lutherhaus bis zur Stadtkirche gezuckelt. Nun, auf den letzten Metern, stoppen ihn die Vertreter der Staatsmacht.

Einer der Polizisten läuft um das Gespann herum, der andere tritt ans offene Fenster. Er tippt mit der Hand an die Mütze und verlangt die Fahrzeugpapiere. Otto reicht sie hinaus. Der Polizist studiert sorgfältig Fahrerlaubnis und Zulassung. Sein Kollege tritt heran, flüstert ihm etwas ins Ohr. Otto, der Steinmetz, steigt aus.

„Ihr Hänger ist überladen", sagt der Polizist, der das Fahrzeug umrundet hat. Otto widerspricht nicht. Jeder kann sehen, dass die zentnerschwere Grabplatte den Hänger in die Knie gezwungen hat. „Das macht fünf Mark", sagt der andere Ordnungshüter. Otto zückt sein Portemonnaie, bezahlt die Strafe. Er nimmt die Quittung entgegen, faltet sie zusammen und steckt sie ein. „Wenn ich nun bitten darf, meine Herren!" Der Steinmetz weist mit großer Geste auf den Anhänger. Die Polizisten schauen erst zum Handwerker, danach zu seinem Hänger, dann sich gegenseitig ins Gesicht. „Nun packen Sie schon mit an", sagt der Steinmetz. „Der Hänger muss doch entladen werden." Zuerst zögerlich, dann beherzt, greifen die Ordnungshüter mit zu. Wuchten die Platte vom Hänger, legen sie vorsichtig auf das Kopfsteinpflaster und sich tüchtig ins Zeug. Prustend richten sie sich wieder auf. Der eine reibt seine Hände über die Uniform. Es sieht aus, als habe er sich die Finger verbrannt.

Der Steinmetz kommt ebenfalls aus der Hocke und als er gerade in Richtung des Kirchenportals weisen will, ertönt ein Ruf: „Na Mensch, hier könnt ihr ja mal richtig arbeiten!" Einer der Maurer auf dem Gerüst überm Portal hat es gerufen. Die Polizisten schauen hinauf. Rücken ihre

Koppel zurecht, drehen sich um und schreiten wortlos davon. Der Steinmetz Otto bittet die Maurer, die Grabplatte des Reformators in die Kirche zu tragen. Jetzt sind die Werktätigen wieder unter sich.

Wenn der Ural auf dem Markt parkte

Auf dem Markt ist nicht viel Betrieb. Die Mittagspause, in der die Frauen zum Einkaufen hetzten, ist vorüber; der Feierabend noch nicht heran. Das studentische Volk sitzt in den Hörsälen und die Rentner ziehen es vor, bei der brütenden Hitze zu Hause zu bleiben. So tapsen im Moment mehr Tauben als Menschen auf dem Platz herum.

Ein paar wenige Passanten schlendern anscheinend ziellos zwischen „Sonne" und „Göhre" umher. Zwei gut gekleidete Frauen betrachten mit mäßigem Interesse die Schaufenster vom Kaufhaus „Magnet", ein Mann mittleren Alters steckt sich zu Hanfrieds Füßen bereits die dritte „Semper" an. Am Rathaus haben sich im Schatten vier Personen zu einem Grüppchen zusammengefunden, ohne dass sie miteinander plaudern.

An den Fassaden stehen viele Bürofenster offen. An einem davon erscheint nahezu im Minutentakt ein schick frisierter Frauenkopf. Einige Räume daneben schaut eine blonde Dame seit einer Viertelstunde rauchend auf den Markt. Sie alle scheinen auf irgendetwas zu warten.

Und richtig! Wie auf Kommando kommt plötzlich Bewegung in die Leute, auch an den Fenstern ist niemand mehr zu sehen. Ein olivgrüner „Ural" mit rotem Stern fährt vor. Das Motorengeräusch verhallt und dem LKW entsteigen zwei Uniformierte, der Beifahrer reichhaltig mit „Lametta" geschmückt. Der Fahrer hastet sogleich zur Ladefläche, während sein Offizier mit geschultem Blick die Kundschaft und das Umfeld mustert. Schon hat der Sowjetsoldat die Planke der Ladefläche heruntergeklappt und drapiert die Waren vorschriftsmäßig. Auf die vorn stehenden Kartons stellt er die Büchsen mit Edelkonserven: Mandarinen, Ananas, Pfirsiche. Weitere Kisten bergen Kaviar, Ölsardinen, Konfekt und Krimsekt. Fast wortlos und sehr rasch geht der Handel vonstatten. Die Waren verschwinden in bunten Dederonbeuteln, das Geld in der Hosentasche des Offiziers, und die zufriedene Stammkundschaft – etwa zwei Dutzend Leute, überwiegend Frauen – verstreut sich in alle Richtungen.

Erst jetzt treten die Frau vom Fenster, der „Semper" rauchende Mann und die beiden gut gekleideten Damen hinzu. Inzwischen hat sich der Soldat im hinteren Bereich der Ladefläche zu schaffen gemacht. Innerhalb weniger Minuten werden zwei große Teppichrollen vom Lastwagen bugsiert und in einen unweit dahinter geparkten „Wartburg Tourist" verladen. Der männliche Kunde schleppt einen schweren Karton schräg über den Markt und verstaut ihn im Kofferraum seines Lada. Noch bevor die letzte Kundin mit einem großen, in Zeitungspapier eingeschlagenen Bündel den Eingang ihrer Arbeitsstätte

Während die Offiziere aus dem Bruderland Geschäftsbeziehungen pflegten, leisteten die Soldaten sozialistische Hilfe in den Betrieben.

erreicht hat, heult der Motor des „Ural" auf und augenblicklich ist der LKW verschwunden. Nur der typische Geruch von Russen-Diesel liegt noch eine Weile in der Luft. Während Helmuths Lada in Richtung Winzerla und Juttas Wartburg gen Lobeda rollt, trägt Britta ihr wertvolles Bündel die Treppe hinauf.

Wie jeden Tag um diese Zeit haben sich die Mitarbeiter der Abteilung im größten ihrer Büroräume eingefunden. Knuth-Werner, wegen seiner ungewöhnlichen Namenskombination kurz KW genannt, gießt kochendes Wasser aus dem hohen Tauchsieder-Topf in die vorbereiteten Tassen. Er nimmt seine Aufgabe sehr genau. In diese Tasse kommt etwas mehr Kaffee, in jene reichlich Zucker, in eine andere ein Beutel Schwarztee, der aber nur drei Minuten ziehen darf. Zuvorkommend, wie er ist, hat KW zwei Stühle vom Nachbarraum hinzugestellt, damit sich das zwölfköpfige Kollektiv versammeln kann. Elf Genossen und Kollegen (die Betonung, dass es sich um männliche und weibliche PersonInnen handelt, ist noch nicht üblich) haben sich um die Tischfläche postiert, nur Brittas Platz ist noch frei. Man witzelt darüber, dass sie vermutlich wieder vorm Spiegel im Klo steht, um ihr Antlitz von eventuellen Makeln zu befreien.

Schließlich ist vom Treppenhaus her das unverkennbare Klappern ihrer Absätze zu vernehmen. Britta erscheint, im Arm ein in Zeitung eingewickeltes Paket. Sie genießt ihren Auftritt und die neugierigen Blicke aus der Kaffeerunde, bevor sie stolz ihr Geheimnis lüftet. Jeder darf mal fühlen, wie herrlich weich das Leder ihrer neuen Jacke ist. Sie lässt sich nicht lange bitten, ehe sie den Preis für das gute Stück verrät: 900 Mark! Und für ihren lieben Mann hat sie gleich noch einen dicken Pullover für 350 Mark erstanden.

Brittas Lederjacke und ihr Einkauf, für den sie mehr als zwei durchschnittliche Monatsgehälter in bar hingegeben hat, soll noch lange für Gesprächsstoff sorgen. Erst recht, weil das teure Kleidungsstück nach Ansicht der weiblichen Kollegen als potthässlich eingestuft wird und seiner Trägerin das Aussehen eines Kleiderschrankes verleihe.

Aus einem Keller in Winzerla dringt ein ungewohntes Geräusch. Helmuth hatte zu Hause den schweren Karton aus dem Lada gehievt und seine neu erstandene Multi-funktions-Holzbearbeitungs-Maschine ausgepackt. Gespannt setzt er sie in Gang und siehe da: Die Maschine funktioniert hervorragend. „Es geht doch nichts über solide Russen-Technik", murmelt er zufrieden und zündet sich eine „Semper" an.

Inzwischen haben Jutta und Angela in Lobeda-Ost ihren „Tourist" entladen. Jutta wohnt im Parterre, dorthin haben die beiden ihre Teppiche gehievt. Praktischerweise gleich übers Balkongeländer, denn die Dinger sind verdammt schwer und unhandlich. Außerdem muss nicht jeder im Block alles mitkriegen. Angelas Wohnung befindet sich zwei Eingänge weiter im dritten Stock, deswegen wird ihre neue Errungenschaft vorerst auf Juttas Balkon geparkt. Die Männer sollen sich am Abend darum kümmern.

Um das schicke Wohnaccessoire in voller Schönheit betrachten zu können, schieben die beiden Frauen rasch Tisch und Stühle in Juttas Wohnstube beiseite. Auf dem Laster konnte der Teppich aus Platz- und Zeitgründen nur einen reichlichen Meter ausgerollt werden, sodass nun die Neugier groß ist, wie das flauschige farbenfrohe Teil auf dem hellbraunen PVC-Belag wirkt. Ausrufe des Entzückens schallen durch den Raum. So komplett ausgerollt ist die Ornamentik eine echte Augenweide! Selig spazieren Jutta und Angela mit nackten Füßen über die wollweiche Oberfläche und können ihr Glück kaum fassen.

Als Jochen, Angelas Angetrauter, nach Hause kommt, hat sie im Wohnzimmer schon Platz gemacht. Er lobt das Organisationstalent der Frauen, nachdem er das Schmuckstück bei Jutta in Augenschein genommen hat. Die 800 Mark, die dafür über den Tisch gegangen sind, liegen ihm allerdings wie Blei auf der Seele. Zumindest, so denkt er, hätte sie eine solche Ausgabe zuvor mit ihm absprechen sollen. Insgeheim hegt er Groll auf Jutta, die seine Frau garantiert wieder zu dieser Aktion verleitet hat. Warum muss Angela nur immer alles haben, was Jutta hat? Die verdient in ihrer Kreisleitung viel mehr als seine Frau beim Konsum. Und wie Juttas Göttergatte so schnell zu dem werksneuen Wartburg gekommen war, ist ihm sowieso ein Rätsel. Da geht er, der Jochen, nun Wochenende für Wochenende auf den Pfusch (offiziell „Zweites Arbeitsverhältnis"), damit es für den Urlaub reicht ... Diesmal wird er auf jeden Fall ein paar Takte dazu sagen. Gleich heute Abend! Na ja, vielleicht auch erst morgen, um ihr nicht gleich die Freude zu verderben.

Angela ist aufgeregt wie ein kleines Kind, als Jochen den Teppich zu ihren Füßen entrollt. Die bunten Muster, das herrliche Material ... Plötzlich stoppt ihr Redefluss. Aus ihrem Gesicht weicht schlagartig alle Farbe, ehe sie loskreischt. Jochen, der gerade mit dem Ausrichten der neuen Anschaffung beschäftigt ist, schaut erschrocken zu seiner Frau. Aus ihrer Miene spricht das pure Entsetzen. Ihre rechte Hand weist in die Mitte des Teppichs. „Da ... da ..." – mehr bringt sie nicht hervor.

Langsam dreht sich Jochen um, wendet seinen Blick ab von Angela und hin zu dem Corpus Delicti. Von der Mitte des schönen neuen Stückes blickt ihn, umkränzt von kunstvoll stilisierten Ranken, ein wohl bekanntes Gesicht an: Der sowjetische Revolutionsführer Towarischtsch Wladimir Iljitsch Lenin.

Die Prüfung

„Roller Berlin abzugeben, Kummer, Jena, Tel.-Nr. ...“, so stand es unter Kleinanzeigen in der „Volkswacht". Gunther notierte sich die Nummer, trank seinen Kaffee aus und stand auf. Die Jacke in der Hand, rief er in Richtung Küche: „Ich geh mal telefonieren." Monika antwortete nicht. Gunther lief zur Telefonzelle. Er hatte Glück, nur zwei Leute standen davor. Eine alte Dame, die einen Dackel an der Leine hielt und ein junger Bursche, der sich eine Zigarette nach der anderen anzündete. In der Telefonzelle stand eine Frau um die 30, die offenbar ebenfalls die Kleinanzeigen gelesen hatte. Sie wollte eine Couchgarnitur kaufen und feilschte um den Preis. Weil sich die Verhandlungen in die Lange zogen, klopfte Gunther an die Scheibe und zeigte auf seine Uhr. Die Frau tippte sich mit dem Zeigefinger an die Stirn, hängte aber wenig später ein und verließ die Telefonzelle. Der Junge sprang hinein, wählte und bellte etwas in den Hörer, das Gunther nicht verstand. Auf jeden Fall war er rasch fertig. Die alte Dame drehte sich um und fragte: „Wird es lange dauern?" Überrascht antwortete Gunther, er denke nicht. Nein, bestimmt gehe es schnell.

Die Dame wies lächelnd auf die Tür der Zelle, Gunther schlüpfte hinein. Rasch den Zettel hingelegt, Kleingeld eingeworfen und die Jenaer Nummer gewählt. Nach dem dritten Läuten ging jemand dran. „Kummer wie Gram", meldete sich ein Herr. „Guten Tag, Lange mein Name. Ich rufe wegen dem Roller an", sagte Gunther. „Wegen des Rollers!", antwortete Herr Kummer. Fragte dann, wie alt Gunther sei. „39", sagte Gunther verwirrt. Herr Kummer schnarrte ins Telefon: „Wenn Sie interessiert sind, melden Sie sich um 15.30 Uhr bei mir." Nannte die Adresse, eine Straße in Jena-Ost, und legte auf. Gunther hielt der Dame mit dem Dackel die Tür auf, lief dann nach Hause und sagte Monika, er müsse mit dem nächsten Zug nach Jena. „Warum?", wollte seine Frau wissen. – „Wegen eines Rollers", sagte Gunther. – „Wieder so eine alte Karre?", gab Moni zurück. Immerhin standen im Schuppen vier alte Motorräder, von denen nur eines fuhr. „Gib bloß nicht so viel Geld aus!", rief Moni noch. Gunther stutzte. Von Geld hatte Herr Kummer nichts gesagt. Er steckte 200 Mark ein. Sollte es nicht reichen, würde er den Roller wenigstens anzahlen. Er griff nach der Lederjacke und nahm zur Sicherheit den Helm mit. Eine Halbschale, mit einer alten Fliegerbrille. Gunther eilte zum Bahnhof.

Sehr vertrauen erweckend sah das Haus in Jena-Ost nicht aus. Gunther klingelte bei Kummer, worauf weiter oben ein Fenster geöffnet wurde. Ein alter Herr schaute heraus, schwarze Hornbrille, schütteres Haar. „Wegen des Rollers", sagte Gunther. „Warten Sie, es ist noch nicht halb vier", gab Kummer zurück. Gunther besah sich die graue Fassade, den bröckelnden Putz und die verbeulten Briefkästen. Moment, einer war nicht verbeult: KUMMER stand darauf, die Großbuchstaben fein säuberlich aus Metall gefeilt und mit winzigen Schrauben befestigt. Wow, dachte Gunther anerkennend. Er sah auf die Uhr. 15.22, noch acht Minuten.

In diesem Moment bog ein Typ in Richtung des Hauses ab. Klingelte bei Kummer, trat ein Stück zurück. Wieder wurde das Fenster geöffnet. „Wegen des Rollers", sagte der Typ. Es klang wie eine Parole. „Warten Sie", kam es von oben. Gunther beäugte den Konkurrenten. Der war ungefähr in seinem Alter, trug Schnauzbart und Jeansjacke. Eine Levi's, dachte Gunther anerkennend. „Auch wegen dem Berliner da?", fragte der Typ. Gunther nickte bloß. Er mochte nicht sprechen. Die Uhr am Handgelenk zeigte 15.29 Uhr, als ein junger Mann eilig auf das Haus zustrebte. Gunther schätzte ihn auf Anfang 20. Jesuslatschen, lange Haare, Nickelbrille. Die Hand zuckte zur Klingel, als die Tür aufgerissen wurde. Herr Kummer erschien. Ein kleiner Mann, bestimmt 70 Jahre alt. Er trug einen grauen Dederonkittel, darunter ein weißes Hemd und Krawatte. Unter der schwarzen Wollhose schauten Pantoffeln mit Karomuster heraus. Herr Kummer winkte das Trio hinein. „Sie haben Glück", sagte er zu dem jungen Mann und deutete auf seine Uhr. „Hier entlang, bitte." Kummer wies auf die Kellertür. Der Reihe nach ging es die wenigen Stufen hinunter.

Im fahlen Licht einer verstaubten Glühbirne zeigte Herr Kummer geradeaus. Vorbei an rostigen Fahrrädern und

Kinderwagen ging es zum letzten Verschlag. Kummer öffnete ein schweres Vorhängeschloss, knipste das Licht an und bat das Trio hinein. Gunther gingen die Augen über. Auf der gegenüberliegenden Seite stand eine Werkbank, darüber kunstvoll angebracht Maulschlüssel, Ringschlüssel, Steckschlüssel und Inbusschlüssel. Dazu Wasserwaagen, ein Hobel, verschiedene Sägen, Schraubenzieher, Stechbeitel, Hammer, Zollstock. In der Mitte ein Meisterbrief. Herrn Klaus-Dieter Kummer wurde bescheinigt, vor der Prüfungskommission der Handwerkskammer die Prüfung abgelegt und das Recht zu haben, den Titel als Meister der Feinwerktechnik führen zu dürfen. Die Urkunde war auf das Jahr 1936 datiert. „Alte Schule", dachte Gunther anerkennend. Sein Blick fiel auf die Werkbank, auf der Messzeuge lagen wie ein Maßband, ein Messschieber und mehrere Anschlagwinkel. Alles akkurat angeordnet, Gunther war sich sicher, dass hier der rechte Winkel das Sagen hatte. Vor der Werkbank standen drei Hocker mit metallenen Füßen, wie Gunther sie aus der Schule kannte. Erst im Werken, später in ESP – Einführung in die sozialistische Produktion – gehörten solche Hocker zum Inventar.

Herr Kummer wies auf die Hocker und hieß seine Gäste sich setzen. Nun erst, mit dem Rücken zur Werkbank, fiel Gunther auf, dass gegenüber der Berlin-Roller stand. Mann o Mann, der sieht ja aus wie neu, dachte er. Und das Größte: Es gab sogar einen einachsigen Anhänger Marke „Campi" dazu – ein Traum! Doch zum Träumen blieb keine Zeit. Herr Kummer hielt eine Rede. Er sprach davon, über 40 Jahre bei Zeiss Lehrlinge ausgebildet zu haben, nun im Ruhestand zu sein. Beliebt sei er nicht gewesen, eher wohl gefürchtet. „Der Kummer hat so manchem Kummer gemacht", rief er und lachte. Dann kam er endlich auf den „Roller Berlin" zu sprechen. Wie er Jahr für Jahr mit seiner Frau Margarethe an den Hohenwarthe-Stausee zum Camping gefahren sei, welch treue Dienste der Roller geleistet habe. Dass es nun leider nicht mehr gehe, die Frau nicht mehr mitfahren könne und wohl auch nicht mehr wolle. Kurz: der Roller muss weg, „in gute Hände".

Der Typ in der Jeansjacke, der Langhaarige und Gunther hatten aufmerksam zugehört. Nun sahen sie, wie Herr Kummer eine Aktentasche aufhob, die an der Werkbank gelehnt hatte. Er entnahm ihr ein paar Blätter, sortierte sie und reichte jedem der Männer einen Zettel. „Noch nicht draufschauen", rief Kummer. Erklärte sodann seinen erstaunten Gästen, er werde jetzt eine Prüfung abnehmen, zunächst je fünf Fragen Theorie, danach folge noch eine praktische Prüfung. „Der Sieger erhält den Roller", sagte Kummer. „Ist das dein Ernst?", fragte der Typ mit der Jeansjacke. Herr Kummer zuckte zusammen. Er war es wohl nicht gewöhnt, mit Du angesprochen zu werden. „Natürlich", antwortete er. Der Mann stand auf, zeigte Herrn Kummer einen Vogel und verließ schnellen Schrittes den Keller. „Gut", sagte Kummer und schaute auf seine Uhr. Er nahm zwei Stifte aus der Brusttasche des Kittels, reichte Gunther und seinem Konkurrenten je einen und gab dann das Startsignal. „Sie haben 20 Minuten!" Sprach es, zog sich den dritten Hocker heran und sah ihnen erwartungsvoll zu. Gunther drehte sich zur Werkbank um, überflog die Fragen. Wo der „Roller Berlin" gebaut wurde, wie oft er vom Band lief, wie das Nachfolgemodell geheißen habe und so weiter. Außerdem sollten die Kandidaten angeben, wo und wann sie ihre Fahrerlaubnis erworben hatten, den Beruf und das Alter. Gunther griff zum Kuli, wollte loslegen. „Keine Stichpunkte", ließ sich Herr Kummer vernehmen. „Bitte ganze Sätze – und meine Herren, ich möchte es lesen können!" Gunther schielte neugierig zu seinem Nachbarn hinüber. „Abschreiben zwecklos", polterte es hinter seinem Rücken. „Jeder hat andere Fragen!"

Gut eine halbe Stunde später wertete Herr Kummer die theoretische Prüfung aus. Für jede richtige Antwort wurden drei Punkte vergeben. Gunther kam auf zwölf Punkte, sein Konkurrent ebenfalls. Nun wurde der praktische Teil der Prüfung ausgerufen. Zunächst erhielt jeder Kandidat eine Schürze. Auf Gunthers Schürze war liebevoll „Klausi" gestickt, auf der anderen stand „Mausi". Kein Kandidat wagte zu lachen. Als Nächstes überreichte Herr Kummer jedem zwei Montierhebel. Gunther erschrak. Bloß keinen Reifen montieren, dachte er. Ölwechsel, Zündung einstellen, einen Rahmen schweißen, all das wäre kein Problem. Aber Reifenwechsel, das mochte er überhaupt nicht. Doch Herr Kummer zeigte auf die gegenüberliegende Wand des Kellers. Dort lehnten zwei Rollerräder, außerdem gab es je eine NVA-Zeltbahn, die wohl als Unterlage gedacht war und zwei

Luftpumpen. „Sie montieren den Reifen ab, zeigen ihn vor, ziehen ihn danach wieder drauf und pumpen auf", ließ sich Herr Kummer vernehmen. Sodann zückte er zwei Stoppuhren, rief „Los" und ließ sich wieder auf den Hocker plumpsen.

Gunther hechtete zu seinem Rad, drehte den Ventilein-satz heraus und begann umgehend, den Reifen ins Fel-genbett zu drücken. Verdammte Scheiße, dachte er. Das Gummi war bockhart und widerspenstig. Immer wieder sprang der Reifen aus dem Felgenbett. Gunther keuchte, schon lief ihm der Schweiß übers Gesicht. Nun den ers-ten Reifenheber hineingeschoben, autsch, weggerutscht, neuer Anlauf. Ein Blick zur Konkurrenz ließ Gunther er-starren: Der Kerl hatte bereits eine Seite des Reifens he-rausgehebelt und zog gerade seelenruhig den Schlauch

Kultobjekt „Berliner Roller" mit zugehörigem Anhänger.

heraus. Wenig später hörte Gunther ihn zu Kummer laufen, den Reifen vorzeigen. Er musste noch eine Schippe drauflegen. Zerrte endlich den Schlauch heraus, würgte den Reifen von der Felge, sprang zu Kummer, schwenkte den Reifen vor dem Alten, ließ sich wieder auf die Knie fallen. Der Einbau ging besser voran, doch als er mit zitternden Fingern endlich den Ventileinsatz hineindrehte, hörte er bereits die Luftpumpe der Konkurrenz. Wenig später drückte Kummer die erste Stoppuhr. Gunther jagte noch ein paar Stöße Luft in den Reifen, stellte das Rad ab und hob die Hände. Herr Kummer hielt die Zeit an.

„Kommen wir zur Auswertung", sagte der Alte und erhob sich von seinem Hocker. Gunther ließ den Kopf hängen. Der Langhaarige grinste in sich hinein. Wie Herr Kummer sagte, hatte er exakt 26 Minuten und 39 Sekunden benötigt, die gestellte Aufgabe zu bewältigen. „Sie, Herr Lange, haben 29 Minuten und 52 Sekunden gebraucht", wandte sich Kummer an Gunther. Was keine so schlechte Zeit sei. Er habe Lehrlinge gekannt, die ihm die Montierhebel verbogen, den letzten Nerv gezogen hätten. „Die beste Prüfung hat aber Herr Beyer abgelegt, herzlichen Glückwunsch!" Der Langhaarige strahlte und rieb sich die Hände. Stand rasch auf und tätschelte die Sitze des Berlin-Rollers. Gunther fröstelte. Dachte „Scheiß Reifen", dachte „blöder alter Sack!" Blieb wie gelähmt sitzen. Doch der alte Sack war noch nicht fertig.

Meister Kummer sprach davon, den Roller in gute Hände abgeben zu wollen. Lobte ausdrücklich beide Kandidaten, die sowohl gute theoretische Kenntnisse als auch praktische Fertigkeiten bewiesen hätten. Sagte dann, angesichts von 17 Jahren Altersunterschied und der mehr als dreifachen Fahrpraxis, die man wohl mit Lebenserfahrung gleichsetzen könne, habe er sich entschlossen, den Roller nebst Anhänger an Herrn Gunther Lange aus Rudolstadt zu vergeben. Der junge Kerl jaulte auf und sprang auf Kummer zu. „Du hast doch eine Meise!", schrie er wütend. Kummer wich ein Stück zurück und wies zur Tür: „Wenn ich bitten darf." Gunther sah dem Treiben fassungslos zu. Hatte er richtig gehört? Er hatte wohl. Meister Kummer half ihm, den Roller und den Hänger hinauszubugsieren. Händigte ihm die Schlüssel, einen Satz Zweitschlüssel, die Fahrzeugpapiere sowie ein Handbuch aus. Verwies darauf, Gunther möge stets das richtige Gemisch tanken und wünschte ihm gute Fahrt. „Natürlich unfallfrei", fügte er noch hinzu. Von Bezahlung war keine Rede. Gunther bekam den „Berliner" geschenkt. Er schloss seine Lederjacke, kickte den Roller an, stellte den Rückspiegel ein, setzte seine Halbschale auf, klappte die Fliegerbrille herunter und nickte Herrn Kummer zu. Der stand inzwischen auf der Türschwelle, er erwiderte den Gruß, drehte sich um und verschwand.

Gunther sang und trällerte auf der ganzen Fahrt durchs Saaletal. „Das glaubt mir doch kein Schwein", dachte er, als er endlich auf den Hof fuhr. Oben in der Wohnung nahm er seine Moni in den Arm und sagte: „Das war vielleicht 'ne Nummer mit dem alten Kummer!"

Wie einst das Zeiss-Grab verlegt werden sollte

Er ist eine Idylle, der Jenaer Johannisfriedhof. Der Gottesacker erstreckt sich rings um die Friedenskirche und lädt dazu ein, für einen Moment innezuhalten und die Seele baumeln zu lassen. Wie in einem verwunschenen Garten sieht es aus, Efeu rankt sich über uralte Grabsteine. Manch Name im Stein verweist auf eine Berühmtheit, die zur letzten Ruhe gebettet wurde. Vögel zwitschern, die Sonne fällt durch das Blätterdach hoher Bäume, die die Wege beschatten. Doch Ende der 1970er-Jahre war der idyllische Friedhof in Gefahr. Die Wege überwuchert, Grabsteine umgestürzt, herabgefallene Schieferplatten vom Dach des Kirchturms. „Es hat wie ein Abenteuerspielplatz ausgesehen", sagt Eckart Schack, damals einer von zwei Pfarrern an der Friedenskirche. Das Dach der Kirche sei marode gewesen, eine Reparatur dringend geboten. Doch es fehlte an Schiefer und einem Gerüst. Plötzlich kamen noch mysteriöse Vorgänge auf dem Friedhof hinzu.

„Wer stiehlt denn einen Grabstein?", fragte sich Hans Gellner, der zweite Pfarrer an der Friedenskirche. Ausgerechnet der Stein von Carl Zeiss war verschwunden. Gellner machte sich auf zur Volkspolizei, den Diebstahl zu melden. Immerhin handelte es sich um einen historisch bedeutsamen Grabstein. Im Volkspolizei-Kreisamt fiel der Gottesmann aus allen Wolken: Es habe alles seine Richtigkeit, wurde Gellner beschieden, als er seine Anzeige aufgeben

Die Grabstätte von Carl Zeiß auf dem Johannisfriedhof.

wollte. Schließlich solle das Zeiss-Grab verlegt werden. Die Initiative dazu ging vom Zeiss-General Wolfgang Biermann aus. Der Generaldirektor des VEB Carl Zeiss Jena hatte die Idee, das Grab von Zeiss auf den Nordfriedhof zu verlegen, wo Ernst Abbe und Otto Schott ihre letzte Ruhe gefunden hatten. Gemeinsam mit Carl Zeiss hatten die beiden dem Siegeszug der optischen Industrie in Jena den Weg geebnet. Offenbar plante Biermann, das Trio auf dem Nordfriedhof wieder zu vereinen. Hinzu kam, dass sich der Nordfriedhof in kommunaler Hand befand. So käme Carl Zeiss gewissermaßen in staatliche Obhut, weg von der Kirche. Der passende Anlass war der 90. Todestag von Zeiss am 3. Dezember 1978.

Eile war geboten. Noch am selben Tag, nachdem der Verlust des Steins bemerkt worden war, rief Pfarrer Schack bei Günter Steiger an, dem Kustos der Friedrich-Schiller-Universität. Steiger sagte, er werde sich am nächsten

Tag mit dem Generalkonservator der DDR treffen, einem hochrangigen Genossen, der sogar im Zentralkomitee saß. Sozusagen ein Banknachbar von Wolfgang Biermann. Der Konservator sei der richtige Mann in dieser Sache. Steiger wurde sogleich aktiv. Noch in der Nacht verfasste er ein siebenseitiges Gutachten, mit dem er sich gegen eine Umbettung der sterblichen Überreste von Carl Zeiss aussprach. In Berlin fand er Gehör. Biermanns Ansinnen wurde abgeschmettert. Stattdessen wurden Bau- und Pflegemaßnahmen auf dem historischen Johannisfriedhof beschlossen. Im Zuge dessen wurde der Zeiss-Grabstein restauriert und wieder aufgestellt, allerdings ein Stück von seinem ursprünglichen Platz entfernt. Nachdem die Friedhofsmauer ebenfalls in die Kur genommen worden war, das Zeiss-Grab somit etwas hermachte, wurde die Gedenkfeier anberaumt.

Pfarrer Schack erhielt einen Anruf vom Biermann-Sekretariat, der General selbst hätte wohl niemals freiwillig mit einem Pfarrer gesprochen. Von der Sekretärin hieß es, die Feier sei für einen Samstag um 9 Uhr geplant. Ob da seine Kirchenglocken läuten würden? Selbstverständlich, entgegnete der Geistliche. Folglich wurde die Feier auf 11 Uhr verlegt. Zur Gedenkfeier war sogar das Fernsehen erschienen, es sollte ein Bericht in der „Aktuellen Kamera" gezeigt werden. General Biermann begann kurz vor 11 Uhr seine Rede zu halten. Die Kamera lief, die Gäste lauschten der Rede. Punkt 11 konnte sich Pfarrer Schack ein Grinsen nicht verbeißen, denn es setzte Glockenläuten ein. Die nahe gelegene katholische Kirche war nicht zu überhören. Weil Kirchenglocken in einer DDR-Nachrichtensendung nichts verloren hatten, bekamen die Fernsehzuschauer am Abend keinen Bericht von Biermanns Rede auf dem Johannisfriedhof zu sehen.

Ganz zu Ende ist diese Geschichte jedoch noch nicht. Der Jenaer Stadtrat beschloss nämlich Ende 1978 für die Friedenskirche Schiefer bereitzustellen. Wegen eines Kälteeinbruchs nach Weihnachten konnte der Kirchturm erst ab März 1979 neu gedeckt werden. Es gab sogar einen Wetterhahn aus Kupfer, jedoch keine Nieten, um den Hahn auf dem Turm zu befestigen. Ein findiger Dreher wusste Rat. Er drehte die kupfernen Nieten nach Feierabend. Ausgerechnet im VEB Carl Zeiss Jena. Doch sein Chef Biermann bekam davon nichts mit.

Termin in der Bachstraße

Sie zieht die Kapuze über den Kopf, schlingt den Schal zweimal um den Hals und betrachtet die verschneiten Dächer. Es ist ihr erster Winter in Jena. Sie muss unweigerlich schmunzeln darüber, wie die Leute hier jammern wegen ein paar Zentimetern Schnee. Zu Hause hat Vater, ebenso wie die Nachbarn, gewiss schon die erste Schicht des Schippens absolviert und der Schnee türmt sich vermutlich längst anderthalb Meter hoch am Gartenzaun.

Birgit und Ralf hatten im Sommer geheiratet und – gegen Vorlage der Eheurkunde – im Herbst die Wohnung in der Leninstraße bekommen. Birgit brauchte eine Weile, ehe sie sich an das Gemeinschaftsklo auf halber Treppe und den muffigen Geruch im Hausflur gewöhnt hatte. Doch mittels Ehekredit hatten sie sich ihre beiden Zimmer und die kleine Küche recht gemütlich eingerichtet. Und wenn Ralf sein Diplom in der Tasche hat, werden sie über kurz oder lang eine schöne Zeiss-Wohnung in Lobeda bekommen.

Der Trauschein hatte Birgit auch den monatlichen Haushaltstag beschert, den sie heute nicht für den Haushalt, wohl aber für eine urweibliche Angelegenheit nutzt. Die Tasche über der Schulter, trabt sie durch die Zwätzengasse und die Goetheallee entlang in Richtung Bachstraße. Ihr ist mulmig. Zu Hause befand sich die für sie zuständige Frauenarztpraxis in der städtischen Ambulanz und sie war immer heilfroh, wenn sie diesen Termin hinter sich hatte. Diese hier heißt „Gynäkologische Poliklinik" und die Kolleginnen hatten erzählt, dass manchmal Studenten, also ganz junge Kerle, zuschauen würden. Wohl ist ihr nicht, als sie an das Fenster des Pförtnerhäuschens neben der Schranke tritt und nach dem Weg zur Frauenarztsprechstunde fragt.

Das Wartezimmer ist voll, am Anmeldungsschalter stehen ungefähr fünfzehn Frauen Schlange. Artig schiebt eine nach der anderen ihren grünen SV-Ausweis durch das Sprechfenster und beantwortet die zackig gestellten Fragen.

„Schon mal hier gewesen?" Antwort: Ja oder Nein.

„Letzte Regel wann und wie lange?" Datumsangabe, soundsoviel Tage.

„Beschwerden oder Rezept?"

Die meisten Verhöre laufen ab wie ein Uhrwerk, die Wartenden hören gelangweilt zu. Bei dem Gedanken an ihre bisherigen Frauenarztbesuche erteilt Birgit der hiesigen Ambulanz einen großen Pluspunkt. Die Anmeldeprozedur ist die Gleiche wie in der heimischen Kleinstadt, doch hier sind zum Glück nur Frauen im Publikum.

In ihrer vormaligen Stamm-Poliklinik gibt es gleich unten im Eingangsbereich eine zentrale Anmeldung für alle medizinischen Fachrichtungen. So erfährt der Mann mit dem Gipsbein, ob die flotte Biene vor ihm nur ein Rezept für die Pille braucht oder ob etwas nicht hinhaut im Untergeschoss. Besonders peinlich wird es dann, wenn sich die Dame hinterm Schalter mit der lapidaren Auskunft „Beschwerden" nicht zufriedengibt und „bitte etwas genauer" herausbläfft. Aufschlussreich für die Mitwartenden ist es auch immer, wenn das angegebene Datum länger als vier Wochen zurückliegt. Da gibt es garantiert jemanden, der die Kunde in die Welt hinausträgt.

Birgit ist inzwischen auf Platz drei in der Schlange vorgerückt. Höchste Zeit, den SV-Ausweis aus der Tasche zu holen und sich die Kreuze auf dem Kalender einzuprägen. Man hat es nicht gern, wenn die Antworten nicht wie aus der Pistole geschossen kommen. Offensichtlich hatte das die Patientin, die nun an der Reihe ist, nicht beherzigt, so kommt der Ablauf ins Stocken.

Die nächste Befragung weicht von den bisherigen ab; das unterschwellige Gemurmel im Warteraum verstummt. Das genannte Datum liegt bereits acht Wochen zurück.

Folglich lautet die nächste Frage auch nicht: „Beschwerden oder Rezept?", sondern „Schwangerenberatung oder Überweisung?"

Heiser haucht die Befragte: „Weiß ich nicht."

Das unterschwellige Gemurmel im Warteraum verstummt.

„Würden Sie bitte lauter sprechen", tönt es aus dem Glaskasten, „ich habe Sie nicht verstanden."

„Ich weiß es nicht", sagt sie etwas deutlicher. „Ich möchte erst mal zum Arzt."

Dafür erntet sie einen abschätzenden Blick, muss aber keine weiteren Fragen mehr beantworten. Die Schwester schaut auf ihre Uhr, steht auf und verschwindet nach hinten. Es ist 9.30 Uhr!

Punkt zehn setzt sie die Aufnahmegespräche fort. Vorschriftsmäßig händigt Birgit ihren grünen Ausweis aus und gibt an, dass sie noch nicht hier gewesen sei. Wo sie normalerweise hinginge, will die Schwester wissen. Immerhin muss klar sein, ob Jena überhaupt für sie zuständig ist. Dass sie jetzt in Jena wohne, erklärt Birgit eine Spur zu umständlich, verfällt dabei in ihren Südthüringer Dialekt und wird erneut aufgefordert, laut und deutlich zu sprechen. Datum und Dauer sagt sie exakt auf, bejaht folgsam die Frage nach dem Rezept und darf sich setzen. Die Beine tun ihr schon ein wenig weh nach einer Stunde Anstehen.

Ihre Erinnerung an den letzten Frauenarztbesuch im Sommer in der heimischen Poliklinik hatte ihr die Wartezeit noch zusätzlich vermiest. Dort hatte sie gefragt, ob man nicht das Fenster schließen könne, wegen der Bauarbeiter auf dem Gerüst am Haus gegenüber. Man konnte nicht, weil es Frau Doktor sonst zu stickig wäre. Mit hochrotem Kopf und schnellen Schrittes hatte sie auf dem Heimweg die Baustelle passiert und inständig gehofft, dass sie keinem der Kerle vom Gerüst je wieder begegnete.

Sie setzt sich auf einen der wenigen freien Stühle rechts der Tür. Ihr Blick fällt geradewegs in einen weiteren Warteraum und nach einer Weile erfasst sie das System: In gewissen Abständen erscheint eine Sprechstundenschwester im vorderen Warteraum und verliest einige Namen. Es folgt der Befehl: „In die Kabine zum Ausziehen!" Die Aufgerufenen nehmen ihre Taschen, durchschreiten den zweiten Warteraum und verschwinden durch eine der Türen, die sich nebeneinander ganz hinten befinden. Kurz darauf kommen sie wieder heraus und nehmen in jenem hinteren Raum Platz. Eine jede ist nun mit einem Rock bekleidet und „darunter ohne". Alles klar!

Auch das kannte Birgit bisher anders: Bei der vormals für sie zuständigen Ärztin gab es drei Kabinen, die sich zwischen Wartezimmer und Sprechzimmer befanden. Darin stand jeweils ein Hocker und am Kleiderhaken hing ein hässlicher, rockähnlicher Kittel. Service vom Haus sozusagen, für diejenigen Patientinnen, die kein entsprechendes Kleidungsstück mitgebracht hatten. Allein bei der Vorstellung, wer so alles seine Blöße mit dem Kittel bedeckt haben könnte, schauderte Birgit. Nein, sie hatte von Anfang an ihren eigenen Rock mit. Diese Empfehlung hatte sie vorm ersten Mal einer Broschüre mit dem Titel „Wir gehen zum Frauenarzt" entnommen. Das ganze Prozedere mit Befragung, Kabinen, Röcken und Kitteln dient einzig und allein der Effizienz. Bei der Masse an Patientinnen, die abzufertigen sind, kann ein Arzt natürlich nicht warten, bis die Frau sich erst umständlich aus- und hernach wieder anziehen würde. Auslastung der Arbeitszeit!

Nach einer gefühlten Ewigkeit wird auch Birgit aufgerufen, in die Kabine beordert und rückt somit in Warteraum zwei vor. In ihrem dicken Strickpullover, die nackten Beine in den Winterschuhen und dazu der geblümte Sommerrock sieht sie schon etwas eigenartig aus. Normalerweise trägt sie im Winter nur Hosen, und der Rundstrick-Rock ist der Einzige, der nicht knittert. Sie hätte ihn schon längst in den Lumpensack gesteckt, oder besser gesagt, der Sekundärrohstoffgewinnung zugeführt, wenn er nicht ihr „Frauenarzt-Rock" wäre.

Die meisten anderen Patientinnen sehen ähnlich aus, nur ein paar ältere Damen waren bereits ordnungsgemäß gekleidet erschienen. Sie alle sitzen in einer Reihe wie die Hühner auf der Stange in der Gewissheit, dass keine mehr etwas drunter hat. Wechselweise werden die beiden Sprechzimmertüren geöffnet, jemand kommt heraus und jemand wird hereingerufen. Alles läuft wie am Schnürchen. Birgit hat Glück, sie kommt noch vor der Mittagspause dran.

In der Tat sind drei Studenten dabei, zwei davon männlich. Daran wird sie sich erst gewöhnen müssen. Doch diesen auf der Straße zu begegnen, wäre wohl weniger peinlich. Die jungen Herren würden sie sicher nicht wieder erkennen, sie hatten ihr ohnehin nicht ins Gesicht geschaut.

Es war nicht alles schlecht im Paradies

Mann o Mann, hier steppt vielleicht der Bär! Anschwellende Gesänge, heiseres Grölen und rhythmisches Klatschen lassen die Luft vibrieren. Hoffi, Zschoppe, der große Spranger und Pfaffi haben sich untergehakt und ziehen durch die Menge am Paradiesbahnhof. Manchmal bleibt das Quartett hängen, eine kurze Rangelei, dann geht es weiter. Frank hält sich lieber im Hintergrund. Er weiß nicht so recht, ob er lachen oder weinen soll. Immerhin hat er eine Karte für das Derby, kann seine Lieblinge spielen sehen. Groß sind die Erwartungen, noch größer die Anspannung. „Wie doof ist das denn", denkt Frank. Er hat zwar eine Karte fürs Derby, doch seine Truppe hat natürlich Plätze im Block unter der Anzeigetafel. Dort stehen die härtesten Fans. Die der anderen natürlich. Mit denen möchte Frank nicht aneinandergeraten. Lautstark skandieren sie ihren Schlachtruf: „Bambule, Randale, wir kommen von der Saale!"

Frank zieht die Schultern ein. Zwar wird ihn keiner aus seiner Truppe verraten, doch auch in seiner Heimatstadt wissen viele, dass er nicht dazugehört. „Wenn mir nun ein Nachbar über den Weg läuft?", denkt Frank. Braucht nur einer was Dummes zu rufen. Peng! Schon gibt's was auf die Mütze. Frank schüttelt sich. Besser nicht drüber nachdenken. Zu Hause, in Rudolstadt, ist es kein Problem, für die Falschen zu sein. Frank wird belächelt, oft angefrozzelt. Für die meisten hat er wohl so 'ne Art Krankheit. Zum Glück nicht ansteckend. Kommt er auf Arbeit und seine Lieblinge haben verloren, liegt schon mal eine Packung Papiertaschentücher auf seinem Platz. Dann drehen sie sich nach ihm um und fragen scheinheilig: „Na, haben deine Vieselbacher am Wochenende gespielt?" Er versucht es gelassen zu nehmen.

Doch in dieser Saison liegen nur selten Taschentücher auf seinem Tisch. Die Rot-Weißen spielen hervorragend, haben nur gegen den BFC 0:1 verloren und sich in Karl-Marx-Stadt eine 1:2-Niederlage geleistet. Zugegeben, Jena liegt hinter den Berlinern auf Platz 2, doch Erfurt lauert auf Rang 5, um Ausrutscher der Konkurrenz auszunutzen. Zuletzt gelang gegen den Tabellendritten aus Frankfurt ein 3:2-Sieg. Jena hingegen verlor bei Lok Leipzig mit 2:3. „Ein Sieg im Derby", denkt Frank, „und wir ziehen bestimmt an Lok vorbei." Die Leipziger müssen an die Küste, gegen Rostock antreten. „Da hängen die Trauben hoch", denkt Frank. Er sieht es heute als gutes Omen, dass seine Lieblinge das Hinspiel mit 3:1 gewonnen haben. War das eine Feierstunde, als er am Montag

Jenaer Fans mit Fußballstar Peter Ducke bei seiner Verabschiedung. Zu dem beschriebenen legendären Spiel am 7. Mai 1983 war er nicht mehr aktiv.

auf Arbeit kam! Die Kollegen taten so, als wüssten sie von nichts. Doch Frank schritt die Tische ab, reichte jedem mit großer Geste eine Packung Papiertaschentücher. „Junge, trag nicht die ganzen Tempos weg", hatte Mutter gerufen, als Frank sechs Packungen in seinen Rucksack lud. „Muss sein", hatte er gebrummt. „Aber es gibt doch so selten welche", jammerte Mutter. „Ich besorge neue", erwiderte Frank. Diesmal hatte er vorgesorgt. Zu Hause lag ein Stapel feinster Papiertaschentücher von Kriepa aus Sachsen. Sechs Stück, für jeden der Kollegen eine Packung. Frank hatte sie mit rot-weißer Schnur umwunden; Spaß muss sein!

Nun hier in Jena, auf dem Weg ins Stadion, vergeht ihm der Spaß. „Hoffentlich fliege ich nicht auf", denkt er. Es kribbelt, als könne ihm jeder ansehen, dass er für die Falschen ist. „Verdammt", denkt er, „wenn ‚Kimme' Heun das 1:0 schießt, darf ich nicht jubeln. Muss so tun, als sei ich traurig, oder wenigstens erschrocken. Ich darf mir nichts anmerken lassen. Vielleicht legt Busse das 2:0 nach? Dann heißt es Ruhe bewahren, ganz ganz ruhig bleiben. Aber noch hat das Spiel nicht begonnen."

Frank läuft hinter seiner Truppe her, die sich grölend ihren Weg bahnt. „Sie laufen vom Paradiesbahnhof aus in Richtung Stadion, ins Herz der Finsternis", denkt Frank. Sein Kumpel Hans fährt nie mit nach Jena. „Ich fahr doch nicht in die Rattenstadt", sagt Hans. „Die kriegen von mir keine müde Mark!" Frank sieht es nicht so verkniffen. Doch Sorgen macht er sich schon. Wenn ihn einer der harten Jena-Fans scharf anschaut, hat er das Gefühl, eine rot-weiße Nasenspitze zu haben. „Schön ruhig bleiben", murmelt Frank vor sich hin. Wer zuletzt lacht, lacht am besten.

Am Eingang ins Stadion hat sich Bereitschaftspolizei aufgebaut. Junge Kerle in grünen Uniformen. Ihnen ist heiß, der Schweiß läuft übers Gesicht, über glatt rasierte, verkniffene Gesichter. Ab und zu wird einer der Fans herausgefischt, muss sich breitbeinig hinstellen, wird abgeklopft und wieder weggeschickt. Ein paar Jungs machen Ärger, dürfen nicht ins Stadion. Sind wohl zu voll, denkt Frank. Die BePo duldet keine Diskussionen. Dazwischen stehen andere Polizisten, mit Hunden an der Leine. Schäferhunde und Riesenschnauzer sieht Frank. Mit den Viechern ist sicher nicht zu spaßen. Geifernd knurren sie die Menge an, zerren an ihren Leinen. Die Männer haben sichtlich Mühe, sie zurückzuhalten. Frank macht respektvoll einen Bogen um die Hunde. Puh, endlich sind sie im Stadion. Zschoppe und die anderen steuern auf den ersten Bratwurststand zu. Verführerischer Duft liegt in der Luft, doch ungefähr 40 Kerle in der Schlange schrecken ab. Zschoppe geht die Reihe entlang, brüllt dann plötzlich vor Begeisterung. Hat einen Kumpel in der Schlange entdeckt und bestellt für jeden eine Wurst. Minuten später stehen sie schmatzend im Kreis. Es gibt nur ein Thema: Die Vieselbacher müssen in die Schranken gewiesen werden. Allein die Höhe des Sieges wird debattiert. Frank hält sich raus. Er ist froh, von niemandem angesprochen zu werden. „Sollen sie mal das Fell des Bären verteilen", denkt er.

Ein kurzer Pfiff, das Spiel beginnt. Nichts da mit Abtasten und ruhigem Beginn, es geht sofort zur Sache. Frank hat gute Sicht auf den Rasen. Er hält sich etwas abseits von seiner Truppe, steht zwischen einem gemütlichen Dicken zur Linken und einem Langhaarigen zur Rechten. Erste Aktionen werden beklatscht, wieder ertönt der „Bambule"-Kampfruf. Plötzlich ein gellendes Geschrei. Der Dicke neben Frank hüpft wie ein Gummiball in die Höhe, der Langhaarige reißt die Arme hoch. Frank ist verwirrt. Gerade hatte er seinen Blick über die Reihen der Fans schweifen lassen, nun sieht er, wie Oevermann den Ball aus dem Netz holt. Jena führt 1:0, noch sind keine fünf Minuten vergangen. Bielau hat das Tor gemacht, ausgerechnet Bielau, den sie Skippy nennen, so wie das Känguruh. Wohl weil er so schnell ist.

Der Dicke neben Frank grient ihn an, strahlt übers ganze Gesicht. „Heute werden die rasiert", brummt er. Frank sagt nichts. Blickt angestrengt wieder aufs Spielfeld. In ihm rattert es: „0:1, 0:1, 0:1. Da ist alles noch drin", denkt er. Im Grunde genommen ist doch nichts passiert. Hauptsache, seine Jungs bleiben dran. Doch was er zu sehen bekommt, macht ihm wenig Hoffnung. Angriff um Angriff tragen die Jenaer nach vorn, Oevermann hat gut zu tun im Kasten. Bis es wieder einschlägt: 2:0 durch Burow. Der Dicke nebenan kriegt sich kaum wieder ein. Schreit „Buuuurow, Buuuurow, Buuuurow!" und tanzt auf engstem Raum Samba. Oder irgendwas in der Art. Frank schaut wieder nach vorn. „Jetzt wird es richtig schwer", denkt er. Doch vielleicht fällt rasch der Anschluss. Leider nein. Zur Pause führen die Gastgeber mit 2:0.

Nach dem Halbzeitpfiff sitzen sie zusammen auf den Stufen und werten das Spiel aus. Zschoppe spuckt große Töne. „Zwei Tore fallen mindestens noch", prophezeit er. „Mit einem Unentschieden könnte ich leben", sagt Frank. Seine Kumpels lachen. „Da geht noch was", denkt Frank.

Es geht tatsächlich noch was. In der 56. Minute erzielt Bielau sein zweites Tor. Das 3:0 ist für Frank ein Schlag in die Magengrube. Während die Zeiss-Fans um ihn herum in einen Freudentaumel verfallen, wird es Frank kalt. Er zittert unkontrolliert, ihn fröstelt. Inmitten der kreischenden Jena-Fans fällt es niemandem auf. Nach einer Weile beruhigt sich Frank wieder. „Schlimmer kann es nicht kommen", denkt er. Auch das Spiel beruhigt sich etwas. Doch dann kommt es schlimmer. Zunächst trägt sich Burow nach Bielau als zweifacher Torschütze ein. In der 71. Minute überwindet er Oevermann. „Vier zu null", schreit der Dicke neben Frank. Er drischt Frank seine Pranke in den Rücken, stößt ein Indianergeheul aus. „Du Arsch!", denkt Frank. Er verliert kurz das Gleichgewicht, als ihn sein anderer Nachbar, der Langhaarige, beim Torjubel anspringt. Es sieht aus, als würde Frank selbst einen Freudentanz aufführen. Wenig später verfällt er in Trance. Mit einem Kopfball hat Meixner das 5:0 für Jena erzielt. Die Niederlage fällt vernichtend aus. Frank könnte heulen. Nur zwei Minuten später packt Schnuphase den Deckel drauf. Aus gut 20 Metern zieht er ab, der Schuss rutscht Oevermann durch die Handschuhe. Ausgerechnet Schnuphase, der in Erfurt das Spielen gelernt hat. Frank johlt nun selbst mit. Der Frust muss raus, die bittere Enttäuschung.

Der dicke Nachbar fällt ihm um den Hals und bläst ihm seine Bierfahne ins Gesicht. Es fehlt nicht viel, und Frank wird abgeknutscht. „Es geht weiter!", ruft er dem Dicken zu und weist in Richtung Rasen. Natürlich ist der Keks gegessen. Das Spiel plätschert dahin. Doch plötzlich gibt es noch mal Aufregung. Ein Foul. Elfmeter! „Kimme" Heun greift sich die Kugel, legt sie auf den Punkt. Frank hält den Atem an. „Hoffentlich trifft Kimme", denkt er. Am Ende zählt vielleicht das Torverhältnis, jedes Tor kann wichtig sein. Heun, der über einen gewaltigen Schuss verfüge und schon mal einen Torwart über die Linie geballert hat, nimmt einen kurzen Anlauf. Drei, vier Schritte, dann ein Gewaltschuss. Frank reißt die Arme hoch. Genau wie auf der anderen Seite der Jenaer Torhüter Grapenthin. Aber zu halten gibt es nichts: Heuns Granate geht hoch und steil und weit in den Jenaer Himmel überm Paradies. Pfeifen und Johlen der Zeiss-Fans setzt ein: „Der Heun, der Heun, der Bauer mit der Neun", grölen Tausende Kehlen. Paar Minuten später ist Schluss.

Frank schleppt sich in Richtung des Ausgangs. Zschoppe, Pfaffi und die anderen beachten ihn nicht. Tanzend und singend ziehen sie zum Bahnhof. Noch nie hat sich Frank so allein gefühlt, so verlassen. Weil sein Schuh offen steht, setzt er sich auf einen Bordstein, um den Schnürsenkel zu binden. Eine Weile bleibt er sitzen und stiert ins Leere. Doch auf einmal ist er wieder wach. Weil ihn Goethe anschaut, von einem grünen 20-Mark-Schein aus. Frank hebt das Geld auf, steckt es in die Tasche seiner Jeansjacke. Ein Leuchten huscht über sein Gesicht. Er denkt: „Es ist doch nicht alles schlecht im Paradies!"

Landung auf dem „Platz der Kosmonauten"

Vielen ist die 750-Jahrfeier Jenas im Jahre 1986 noch gut in Erinnerung. Während die Debatte über die geschichtliche Rechtfertigung lediglich die passionierten Historiker bewegte, interessierte Otto Normalverbraucher viel mehr, was alles an Unterhaltung geboten wurde und welche Raritäten es zu kaufen gab. Die Festwoche begann am Mittwoch, dem 1. Oktober, sodass ihr krönender Abschluss mit großem Festumzug am Dienstag, dem 7. Oktober, stattfinden konnte. Somit war sichergestellt, dass zugleich der Republikgeburtstag gebührend begangen wurde.

Wie bei solchen Anlässen üblich, war es den meisten Leuten egal, was genau gefeiert wurde. Hauptsache, es war anständig was los in der Stadt. Auf dem „Platz der Kosmonauten", der Rasenmühleninsel und auch in Lobeda liefen attraktive Kulturprogramme, die Innenstadt war mit mittelalterlichen Kulissen dekoriert, an allen Ecken duftete es nach Bratwurst und das Bier floss hektoliterweise. Die Stimmung war bestens, es schien, als sei ganz Jena und Umgebung auf den Beinen.

Neben dem allgemeinen Trubel folgte ein offizielles Ereignis auf das andere. Hier wurde das Stadtmuseum in der „Göhre" eingeweiht und das Wohngebiet am Rähmen übergeben, da der Erlkönig restauriert und dort die Hymne „Gelobtes Jena" uraufgeführt. Selbstverständlich war auch das Fernsehen vor Ort.

Für eine weitere, ganz spezielle Attraktion waren gar Fallschirmspringer mobilisiert worden, die am Tag X zur festgelegten Zeit aus dem Flugzeug springen, über Jena einschweben und punktgenau auf dem „Platz der Kosmonauten" landen sollten. Da es jedoch selbst für die Jungs von der GST (Gesellschaft für Sport und Technik) nichts

Alltägliches war, unmittelbar über einem Stadtzentrum abzuspringen, wollten sie die Aktion recht gern filmisch dokumentiert haben ...

An Videokameras, die man mal eben aus der Hosentasche zieht, war damals noch längst nicht zu denken. Wohl aber gab es Schmalfilmkameras und Enthusiasten, die gut damit umgehen konnten. Peter Gallasch, ehrenamtlicher Leiter im Amateurfilmcentrum beim Kombinat VEB Carl Zeiss, war einer von ihnen. Er sagte den GST-Leuten erfreut zu, die Szenen auf Zelluloid zu bannen. Schließlich war solch eine spektakuläre Aktion eine andere Herausforderung, als die sonst üblichen Protokollfilme über

Einweihung des Wohngebietes Am Rähmen anlässlich der 750-Jahr-Feier 1986.

die Auszeichnung verdienter Werktätiger oder andere Errungenschaften.

Weil nun aber der Klub-Chef zum planmäßigen Absprungzeitpunkt auf seiner Arbeitsstelle unabkömmlich war, beauftragte er zwei Kollegen mit den Filmarbeiten. Besorgt schaute Peter aus seinem Bürofenster im Hauptwerk in den trüben Himmel und auf das muntere Treiben unten in der Stadt. Zum wiederholten Male fragte er sich, ob der Flieger bei diesem Wetter überhaupt käme und ob die Jungs von der GST tatsächlich den Absprung wagen würden?

Der Flieger war pünktlich, kurz darauf sah man, wie sich winzige Gestalten von der Maschine lösten und sich ein Fallschirm nach dem anderen öffnete. Es war ein faszinierender Anblick, wie die leuchtend bunten Schirme zwischen dem futuristischen Uniturm, dem noblen Interhotel und der ehrwürdigen Stadtkirche einschwebten. Die Sportler landeten zielgenau an der markierten Stelle.

Peter Gallasch, dessen Gedanken in Anbetracht dieser Konstellation soeben philosophisch werden wollten, wurde durch sehr realistische Aspekte in die Gegenwart zurückkatapultiert: „Verdammt!", schoss es ihm durch den Kopf. „Ich habe den Kumpels nur eine elnzige Filmrolle mitgegeben! Ob die überhaupt ausreicht? Und was, wenn die Aufnahmen dieses spektakulären Schauspiels nichts werden? Wegen des Wetters, weil vielleicht gerade die Kamera ausgestiegen ist, weil der Standort ungünstig gewählt war? Eine zweite Gelegenheit wird es hierfür nicht geben!"

Einige Wochen später herrschte eine fast feierliche Stimmung im Studio der Zeiss-Filmer im Volkshaus. Wie üblich, hatte es einige Wochen gedauert, ehe das entwickelte Filmmaterial aus dem Berliner Labor wieder in Jena eingetroffen war. Schon die ersten Blicke auf den Streifen gaben Grund zum Jubeln. Keine der Befürchtungen hatte sich bestätigt, die Aufnahmen waren gelungen! Der Standort hatte gestimmt, die Einstellungen passten und diese eine Rolle hatte ausgereicht. Weder das ORWO-Material noch die Arbeit des Entwicklungslabors bot Grund zum Meckern. Ein voller Erfolg, wie sich die Klubfilmer gegenseitig versicherten. Sie hatten eine unwiederbringliche Sensation eingefangen. Wenn das kein Grund zum Feiern war!

Freilich standen nun noch etliche Stunden Arbeit an, ehe aus dem Rohmaterial ein wirklicher Film werden würde. Dieses Handwerk erforderte in erster Linie Zeit, Geduld und Liebe zur Sache. Schon bald saßen die Zeiss-Filmer am Schneidetisch, schnitten, klebten, diskutierten darüber, ob der Schnitt zwei Bilder vorher oder nachher erfolgen sollte, fanden Kompromisse, verwarfen sie wieder und einigten sich schließlich doch. Stück für Stück entstand eine einzigartige Dokumentation darüber, wie zur 750-Jahr-Feier Jenas zwölf Fallschirmspringer mitten auf dem Platz der Kosmonauten gelandet waren. Alles hatten sie erfasst: Die Menschen auf dem Platz, den Flieger am Himmel und die Runden, die er über der Stadt drehte. Die waghalsigen jungen Kerle, die sich aus luftiger Höhe

Originalbilder aus dem AFC-Film „Jena – mitten hinein, Kamera: Erhard Schorcht, Andreas Burghardt, Regie: Peter Gallasch.

über den Häusern in den freien Fall begaben und der imposante Anblick, wie sich die Fallschirme öffneten. Selbst das Atem-Anhalten derer, die von unten zusahen, war förmlich zu spüren. Die Komposition aus Flieger, Uniturm und Stadtkirche, aus Menschen in der Luft und auf der Erde, verband sich eindrucksvoll an einem Ort mit dem bezeichnenden Namen „Platz der Kosmonauten".

Das Filmteam war nicht nur darauf stolz, den GST-Sportlern eine brillante Dokumentation ihres Könnens zur Verfügung stellen zu können, auch ihre eigene filmische Leistung würde vielleicht sogar bei den nächsten Arbeiterfestspielen vertreten sein. Der fertige Streifen trug den Titel „Jena – mitten hinein".

Im Sommer 1987 war es endlich so weit, der Film sollte erstmals öffentlich vorgeführt werden. Als Peters Bürotelefon klingelte, meldete er sich wie gewohnt mit „VEB Carl Zeiss Jena" und dem Namen seiner Abteilung.

Der andere stellte sich nicht vor. „Spreche ich mit Herrn Gallasch?"

„Ja, richtig. Worum geht's?"

„Peter Gallasch vom Amateurfilmcentrum?"

„Ja, der bin ich auch. Worum geht es denn?" Oh, prima, schoss es ihm durch den Kopf. Einer unserer Filme ist für die Arbeiterfestspiele ausgewählt worden! Etwa gar für das Amateurfilm-Festival. Seine Gedanken purzelten durcheinander.

„Sie haben im Oktober Filmaufnahmen gemacht, als Fallschirmspringer in Jena gelandet sind. Ist das richtig?"

Peters Herz bubberte. „Ja, richtig! Der Film ist vorführ-bereit. Wir werden ihn voraussichtlich ...“

Weiter kam er nicht. Die unbekannte Stimme am anderen Ende bereitete seinem Enthusiasmus ein jähes Ende.

„Dieser Film wird nicht öffentlich vorgeführt! Das ist eine Weisung!“

Die Weisung blieb bestehen, der Streifen kam ins Archiv und die Diskussionen darüber ebbten irgendwann ab. Der Hintergrund dieses Verbotes sickerte erst nach und nach durch: Das Einschweben der GST-Fallschirmspringer auf dem Jenaer „Platz der Kosmonauten“ hätte womöglich eine Parallele zur Landung des Mathias Rust auf dem Roten Platz in Moskau am 28. Mai 1987 darstellen können.

IMI und Baumwollschlüpfer

Erich und Karl hatten die 65 schon überschritten, gingen aber noch ein paar Stunden in einer Rentnerbrigade arbeiten. Erich war eingefleischter Junggeselle und mitunter beneidete Karl ihn darum. So debattierten sie alle Tage im „Roten Hirsch“ über ihr Schicksal und den Fußball, über die Weltpolitik und den Geflügelzüchterverein. Oder darüber, wem sie welchen Streich spielen konnten.

Erst kürzlich hatten die beiden alten Knaben für einen Riesenaufruhr in der Kaufhalle gesorgt: „Das darf doch nicht wahr sein“, war von schimpfenden Kundinnen zu vernehmen, „jetzt wird sogar schon das IMI rationiert!" Es hatte eine ganze Weile gedauert, ehe eine Verkäuferin davon Wind bekam. Zwar war ihr an der Kasse schon aufgefallen, dass plötzlich in fast jedem Einkaufskorb ein Paket IMI lag, doch sie hatte sich nichts weiter dabei gedacht. Erst als sie das Regal mit der Haushalts-Chemie in Augenschein nahm und dort, wo normalerweise die grünen Pappschachteln standen, gähnende Leere vorfand, dämmerte es bei ihr. Erich und Karl hatten sich einen Spaß daraus gemacht, das Pappschild „Bitte nur ein Paket pro Kunde" vom „Spee gekörnt" zum IMI zu verschieben.

Diesmal lenkten die Freunde ihre Schritte nicht wie sonst zu ihrer Stammkneipe, sondern zur „Wäschetruhe" schräg gegenüber. Bis zur Öffnungszeit nach der Mittagspause waren noch gut zehn Minuten Zeit. Die beiden postierten sich vor der Ladentür und stritten laut hörbar, wer nun als Erster da gewesen sei. Schon gesellten sich zwei Frauen hinzu, und im Nu bildete sich eine Schlange. Von vorn nach hinten wurde die Kunde weitergegeben, dass es angeblich Baumwollschlüpfer geben sollte. Kurz bevor die Tür von innen aufgeschlossen wurde, trabten die beiden Schabernacker ab und die Verkäuferinnen gerieten unverschuldet in Erklärungsnot.

In der Tat war der Engpass an Baumwollschlüpfern ein Dauerbrenner. Der allgemeine Unmut wurde selbst in Gewerkschafts- oder Parteiversammlungen thematisiert und machte auch vor der Führungetage des Zeiss-Kombinates nicht halt. Dort wurde der Notstand zur Chefsache erklärt und eines Tages traf tatsächlich eine große Lieferung „Feinripp" ein, die in der Göschwitzer Zeiss-Kantine verkauft wurde. Und zwar nicht nur an Zeissianer, sondern öffentlich, sehr zur Freude der Jenaer Damenwelt. Ob „General Biermann" dafür mal eben zum roten Telefon gegriffen oder einen Deal in den heiligen Hallen des Zentralkomitees in Berlin ausgehandelt hatte, war der Jenaer Frauenschaft letztendlich egal.

Die Feuerzeug-Tankstelle am Steinweg

Es war zu Simones 17. Geburtstag. Gegen Abend kam Konni, gratulierte und übergab der Freundin ein kleines Päckchen. Feierlich zog Simone die Schleife auf, wickelte das Band auf, glättete das bunte Seidenpapier und legte alles sorgsam zusammen. Sie tat das ohne Eile; einerseits, weil das Verpackungsmaterial, wenn man vorsichtig damit umging, durchaus wiederverwendet werden konnte, andererseits, um sich auf die Reaktion, die Konni erwartete, vorzubereiten, denn beim Anblick des Geschenkes fiel es ihr schwer, in glaubhaften Freudentaumel zu verfallen.

Das Geschenk war ein „Seifenkasten", eines dieser Pappkästchen, das innen ausgeformt und mit in Falten gelegtem, glänzendem Stoff beklebt war und worin üblicherweise ein Stück Seife und ein Fläschchen Parfüm lagen. Simone bemühte sich sehr, ihr süßsaures Lächeln zu verbergen, wie man das in Anbetracht sichtlicher Verlegen-heitsgeschenke eben tut. Sie hauchte Konni ein stimm-loses „Danke" zu, und legte die Schachtel auf den Tisch.

Konni fing an zu lachen: „Nun guck doch erstmal rein! Oder meinst du im Ernst, ich schenke dir solchen Plun-der? Die Schachtel stammt noch von meiner Jugendwei-he, ich hatte acht davon."

Zögerlich hob Simone den Deckel hoch. Tatsächlich lau-erte da ein tolles Geschenk. In der Kuhle, die ursprüng-lich der Seife vorbehalten war, befand sich eine Schachtel „Duett", mit sechs Mark die teuerste Zigarettenmarke. Doch die wirkliche Überraschung lag daneben, an dem Platz, wo vormals ein längliches Parfümfläschchen ge-legen hatte: Ein rosafarbenes Feuerzeug! Das war eine echte Überraschung! Simone fiel der Freundin um den Hals, bedankte sich ehrlichen Herzens und nahm schließ-lich das wertvolle Gerät feierlich aus der Schachtel.

Fortan erfüllte es Simone mit großem Stolz, einen West-gegenstand ihr Eigen nennen zu dürfen. Sie hütete ihr schickes Feuerzeug wie ihren Augapfel, legte es zur Disko oder in der Gaststätte demonstrativ auf den Tisch, steck-te es aber jedes Mal ein, wenn sie zwischendurch den Platz verließ. Zu Hause benutzte sie weiterhin Streichhöl-zer, um das Gas ihres noblen Feuerzeuges nicht zu ver-schwenden.

Doch so sparsam sie auch damit umging – nach etwa drei Jahren kam der lang gefürchtete Augenblick, genau zur Brigade-Frauentagsfeier im Café Prag. Simone betätigte mit dem Daumen das Rädchen. Es funkte einmal, zweimal, dreimal, ansonsten tat sich nichts mehr. Eine Kollegin schob ihr eine Schachtel „Riesaer Zündwaren" über den Tisch. Aus der Traum! Kein Zweifel, Simones geliebtes West-Feuerzeug hatte sein Leben, oder besser sein Gas, ausgehaucht.

Wehmütig legte sie es am nächsten Tag in ihr Kästchen, in dem sie allerlei Heiligtümer aufbewahrte: Einen erinnerungsbehafteten Freundschaftsring, eine irreparable Armbanduhr, das Poesiealbum und dergleichen mehr. Dort fristete das einstige Geburtstagsgeschenk fortan ein trauriges Schattendasein. Wahrscheinlich läge es heute noch in diesem Memoiren-Fach, wenn nicht findige Leute auf eine geniale Idee gekommen wären ...

Es war Anfang der Achtzigerjahre, und die Neuigkeit sprach sich schnell herum: „Im Tabakladen am Steinweg kann man jetzt Gasfeuerzeuge auffüllen lassen." Und nicht nur das! Man konnte sogar die sogenannten „Wegwerf-Feuerzeuge" umrüsten lassen, damit sie befüllbar wurden. Selbst Verschleißteile wie das Drehrädchen oder der Feuerstein konnten ausgewechselt werden – eine tolle Sache! Allein der Begriff „Wegwerf-Feuerzeug" ging einem schwer über die Lippen, denn die beiden Worte passten überhaupt nicht zusammen! Schon wer Besitzer eines Benzin-Feuerzeuges war – eines, in das man Watte stopfte, um den Brennstoff ein paar Stunden länger am Verfliegen zu hindern – wäre nie auf die absurde Idee gekommen, dieses wegzuwerfen.

Der neue Umbau- und Füllservice für die klassenfeind-lichen Gas-Feuerzeuge wurde bald auch andernorts an-geboten; nicht immer offiziell im Tabakladen, eher über die Schiene, dass man jemanden kannte, der jemanden kannte, der sich auf Feuerzeuge spezialisiert hatte. Der brauchte kleine Bohrer, Schleifpaste, eine Art Fahrrad-ventile im Miniaturformat und viel Fingerspitzengefühl. Am abenteuerlichsten war es immer, das Propangas aus der Fünf- oder Elf-Kilo-Flasche in handliche Spraydo-sen abzufüllen, wobei solche vom Haarspray wegen der Explosionsgefahr tabu waren. Diese Einzelheiten waren natürlich wertvolles Insiderwissen, das keiner auf die Konsumtüten schrieb. Und Simone interessierte es auch nicht sonderlich, sie war einfach nur glücklich, dass sie nun ihr kostbares Westfeuerzeug jederzeit zum Betanken bringen konnte.

Als Simone diese Geschichte erzählte, meinte sie schmun-zelnd: „Ich weiß nicht, wie viele solcher Feuerzeuge ich inzwischen verbraucht, verloren oder verbummelt, ge-kauft oder irgendwoher geschenkt bekommen habe. Ir-gendwann beim Entrümpeln fiel mir jenes rosafarbene in die Hand, ausgestattet mit einer Art Schraube an der Unterseite." Erst hatte sie es wieder an seinen Platz zu-rückgelegt. Vor ein paar Jahren aber habe das Kästchen einschließlich Sammelsurium seinen letzten Weg ange-treten.

Eigentlich schade darum, ebenso wie um das alte Poesie-album!

Kunst ohne Worte

Pantomime ist die Kunst, ganz ohne Worte Geschichten zu erzählen. Ein Meister dieser Kunst ist der Jenaer Harald Seime. Er weiß aus eigener Erfahrung, dass Schweigen nicht nur auf der Bühne Gold wert sein kann. So war er zweimal in Folge zu einer Weihnachtsfeier von Parteisekretären aufgetreten. Als er erneut darauf angesprochen wurde, entglitt ihm der Satz: „Ihr könnt euch selbst mal was ausdenken, ihr seid doch auch gute Schauspieler." Ein drittes Mal wurde er nicht engagiert.

Harald Seime gründete 1959 das Pantomime-Studio an der Friedrich-Schiller-Universität, wurde mit seinem Solo- und Ensembleprogrammen weit über Jena hinaus bekannt und stand auf zahlreichen Bühnen Europas. Auf die Frage, wie und wann er sich der Pantomime verschrieben habe, meint er verschmitzt: „Das begann wahrscheinlich schon in der Schule; ich habe öfter Lehrer nachgeahmt, sehr zur Unterhaltung meiner Mitschüler." Er inszenierte an sämtlichen Thüringer Theatern, bildete etliche Mimen und Darsteller aus und lehrte an den Universitaten Jena und Leipzig. Auch seinen offiziellen Ruhestand widmet er eher der Kultur als der persönlichen Ruhe.

Dafür, dass Bewegungskunst keiner Worte bedarf, sorgte sie mitunter für reichlich Gesprächsstoff. So geschehen in den frühen 1980er-Jahren, als die Jenaer die polnische Mimentruppe „Gest" ins Lobedaer Kulturhaus eingeladen

Das „Revolutionsspektakel", aufgeführt im Rahmen des Jenaer „Sommernachtstraumes" vom 5. bis 7. Juli 1989 im Collegienhof.

hatten: Auf dem Programm stand das Stück „Die Hunde" von Ghelderode, den man hierzulande ebenso wenig kannte, wie die Art der Aufführung. Waren es die braven DDR-Bürger bislang gewohnt, dass auf der Bühne agiert wurde und das Publikum zusah, so erlebten sie jetzt die Künstler plötzlich zwischen den Zuschauerplätzen, wo es für damalige Begriffe ziemlich turbulent zuging. Das Stück handelte von Macht und Gier, von Aufstieg und Untergang; um Dinge also, die zu dieser Zeit in Polen schon weit offener thematisiert wurden als hier. Doch der größte Schock sollte erst noch folgen.

Während eines in Szene gesetzten Festes wurden nach und nach auch Leute aus dem Publikum mit ins Spiel einbezogen. Ein großes Tuch stellte die Festtafel dar, und weil selbst Laien gut pantomimisch essen und trinken können, spielten sie freiwillig mit. Die ersten schienen ihre Bereitwilligkeit schon zu bereuen, als es ins Tanzen überging, doch zum „Aussteigen" war es nun zu spät. In diesem Wirrwarr verschwand einer nach dem anderen unter dem vormaligen „Tafeltuch", woher schließlich Schreie, Jauchzen, Stöhnen und andere zweideutige Geräusche zu vernehmen waren. Das Stück steuerte auf seinen Höhepunkt zu, als zu guter Letzt noch Kleidungsstücke unter dem Tuch herausflogen. Nun war jeder, der im Publikum verblieben war, heilfroh, dass es ihn nicht selbst erwischt hatte. Erst recht, als die ersten der okkupierten Zuschauer halb entkleidet wieder hervorkamen. Sie schauten irritiert und suchten sichtlich verstört in diesem wilden Durcheinander ihre Klamotten zusammen.

Rezensiert wurde das Stück nicht, ja nicht einmal öffentlich erwähnt. Doch weil im Publikum zum Großteil Universitätsangehörige saßen, sorgte es noch lange für Gesprächsstoff an der Uni, denn man wollte schon wissen, welche Kollegen, Studenten, Doktoren und Professoren vor dem tobenden Publikum ihre Kleidungsstücke zusammenklauben mussten.

Von der Aufführung geblieben war eine Mischung aus Entsetzen und Faszination. Und dazu immer wieder die Frage: „Wann kommen die Polen wieder?" Sie kamen wieder, nicht nur einmal! So dauerte es gar nicht lange, bis das hiesige Ensemble neue Experimente wagte und dem Publikum unkonventionelle Momente darbot. Ein Höhepunkt war die Aufführung des Pantomimeensembles im Juli 1989 im Collegienhof mit seiner Bearbeitung von Molierès „Le Malade imaginaire" (Der eingebildete Kranke). Anlass war der 200. Jahrestag der Französischen Revolution. Nur das Potsdamer Theater und die Jenaer wagten sich an dieses Thema heran, das in der DDR zum Tabu erklärt worden war. Vielleicht reagierten die führenden Genossen allergisch auf Dinge wie Freiheit,

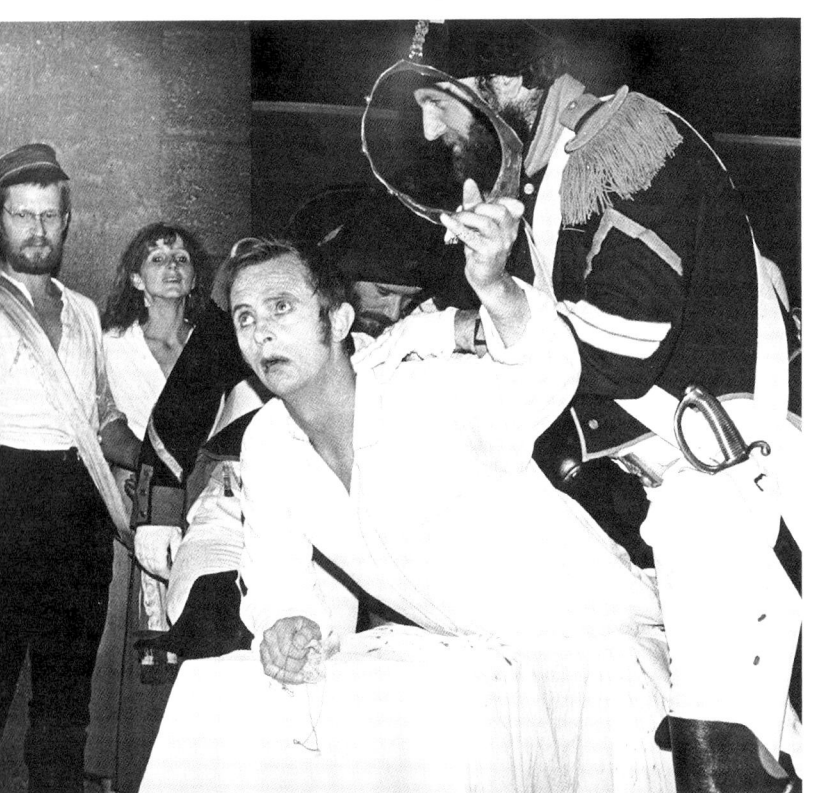

Harald Seime als Ludwig XVI. kurz vor der Hinrichtung.

Gleichheit und Brüderlichkeit, den legendären Sturm auf die Bastille oder das schicksalhafte Ende Ludwigs XVI. unter der Guillotine.

Reichlich gespickt mit Metaphern und nett verpackt in folkloristische Bilder, entwickelte sich das Stück zu einem Riesenspektakel. Das Publikum tobte angesichts der Doppeldeutigkeit der Szenen. So wusste jeder, was gemeint war, als Orje Zurawski im Karzer brüllte: „Lasst mich hier raus!" Nur zwei Besucher schauten verstört drein: Ein chinesischer Gast der Universität und dessen Frau, die sich arglos auf einen Strohballen gesetzt hatten. Plötzlich, inmitten des Treibens, verloren sie den Glauben an die Aufführung und wähnten sich in einem handfesten Volksaufstand.

Die Schlange am Kindergeschäft

Bekanntlich gab es in der DDR vieles, was es eben nicht gab – oder nur mit „Vitamin B". Woran aber zu keiner Zeit Mangel bestand, das waren die Witze. Ein Klassiker unter ihnen war der: „Was macht der DDR-Bürger, wenn er eine Schlange sieht? – Na klar, er stellt sich an!"

Mal ehrlich, man stellte sich doch nicht einfach an und harrte schweigend aus! Allein schon das gemeinschaftliche Rätseln, wonach man eigentlich ansteht, war spannend und förderte den Kollektivgeist. Es vermittelte ein Gefühl davon, was man heutzutage als „soziales Netzwerk" bezeichnet. Dabei hatte der Begriff „Netz" damals eine ganz andere Bedeutung als heute, da selbiges in jede Hand- oder Jackentasche passte.

Als Jürgen eines Nachmittags auf dem Heimweg das Johannistor passiert hatte, nahm er nicht den gewohnten Weg in Richtung Holzmarkt zur Straßenbahn, stattdessen lief er schnurstracks die Johannisstraße hinab. Die Menschenschlange am Kindergeschäft zog nicht nur seinen Blick, sondern auch seine Schritte magisch an. Aus gutem Grund, denn Jürgen war seit zwei Wochen stolzer Vater, so war es für ihn selbstverständlich, sich in die Schlange vorm Kindergeschäft einzureihen. Ob es nun Mullwindeln, chinesische Badetücher oder andere Raritäten gab – das Lob seiner Familie war ihm gewiss.

Jürgen trug kein Einkaufsnetz bei sich, sondern seine Aktentasche, die ihn seit der Jugendweihe durch das Abitur, die Studien- und Armeezeit begleitet hatte. Inzwischen hat sich deren Grundausstattung auf wenige Utensilien, wie Brotbüchse, Thermosflasche und einen grün-gelb-karierten Dederonbeutel reduziert. Dass Letzterer stets dabei sein musste, hatte ihm seine Mutter eingeschärft; sie nannte ihn „Fallsbeutel" – falls es „was gibt".

Wie gewohnt stellte sich Jürgen hinten an und überprüfte den Inhalt seiner Geldbörse. Knapp fünfzig Mark, das sollte reichen! Nach einer Viertelstunde – er war inzwischen ein gutes Stück vorgerückt – kamen ihm erste Zweifel. Um ihn herum sprach niemand über Windeln

Schlangestehen vor der Eisdiele am Markt.

oder Handtücher, nicht einmal über Babys. Zwei Frauen
mittleren Alters unterhielten sich angeregt über Konsum-
marken. „Bei mir lohnt es sich diesmal", verkündete die
eine, „Kühlschrank und Waschmaschine!"

„Ich hab auch noch Zusatzblätter gebraucht", meinte die
andere. „Ich krieg immer noch die Marken von meiner
Schwiegertochter. Den jungen Leuten ist das Einkleben
schon wieder zu viel Arbeit."

Noch weitere lange zehn Minuten brauchte es, ehe Jürgen erkannte, dass es diesmal nichts werden sollte mit
dem Familienlob. Die Warteschlange führte zwar am

Kindergeschäft entlang, aber nicht hinein, sondern um die Gebäudeecke herum zum Nebeneingang. Hier nahm gerade die Konsumgenossenschaft die Hefte mit den Rabattmarken an.

Im Café Orchidee

Es goss in Strömen, als sie am Inselplatz aus dem Bus stieg. All die Tage zuvor hatte die Sonne gestrahlt. Und nun dieses Mistwetter! Ausgerechnet heute, wo sie sich mit Ira treffen wollte. Den Schirm hatte sie am Morgen aus der Handtasche genommen, als sie fast feierlich das kleine Papiertütchen eingepackt hatte.

Schon als Sabine am „Kupferhütchen" entlangging, kräuselten sich ihre frisch dauergewellten Haare durcheinander. Die Wimperntusche verlief und ihr dreiviertellanges Sommerkleid klebte am Körper. Ungeduldig wartete sie, dass die Ampel endlich Grün zeigte, als ein Wartburg durch die große Pfütze am Straßenrand brauste. Braune Brühe bespritzte ihr Kleid und lief an ihren Waden hinab. Vor sich hin fluchend, ging sie mit großen Schritten die Saalstraße hinauf und über den Platz der Kosmonauten. Auf die Tische der Freifläche am Fuße der „Keksrolle" prasselte der Regen und ergoss sich an den Rändern auf die Betonplatten. Schon von hier aus konnte sie sehen, dass das Café knackevoll war.

Sabine trat ein und schaute sich suchend um. Erleichtert entdeckte sie Ira, die ihr aus einer Ecke zuwinkte. An ih-

Der Orchideenbrunnen, der im Sommer Groß und Klein anlockte, ist längst Geschichte, ebenso wie das gleichnamige Café.

rem Tisch saßen noch zwei ältere Frauen, auf dem letzten freien Stuhl stand Iras Umhängetasche, die den Platz für ihre Freundin verteidigt hatte.

Tropfend, ramponiert und von argwöhnischen Blicken begleitet, durchquerte Sabine die schicke Lokalität. Ihre nassen Füße in den flachen Sandalen gaben bei jedem Schritt ein schmatzendes Geräusch von sich.

Nun war ja das „Orchidee" nicht irgendein Café. Schon die große Glasfront, die stattlichen Kübelpflanzen und die hinterleuchteten Orchideen-Bilder erzeugten ein besonderes Flair. Auf den weiß eingedeckten Tischen stand kein angeschlagenes Kantinenporzellan und Bier wurde hier auch nicht ausgeschenkt. So hielt man sich unerwünschtes Publikum vom Hals.

„Ach du liebe Güte, du tropfst ja!", kicherte Ira und musterte mitleidig die jämmerliche Gestalt. „Sag bloß nichts", meinte Sabine. „Bestell mir lieber einen Kaffee!" Bereits beim Betreten der Räumlichkeit hatte sie nach der Toilettentür Ausschau gehalten und steuerte diese nun schnurstracks an.

Der Sanitärbereich war ebenso nobel wie das Restaurant. Nicht zu vergleichen mit durchschnittlichen Gaststätten-Örtchen oder Bahnhofstoiletten. Es gab einen großzügigen Vorraum mit Spiegel, hellen Fliesen, guter Beleuchtung, sauberem Handwaschbecken und Warmwasser. Nachdem sie in der Kabine das Kleid ausgewrungen und wieder übergezogen hatte, griff sich Sabine das blütenweiße Handtuch, rubbelte sich so gut es ging trocken und wusch sich die verschmierte Schminke aus dem Gesicht.

Als sie sich eine Viertelstunde später an den Tisch setzte, hörte es draußen auf zu regnen. Eine der Tischnachbarinnen zahlte und ging. Die andere blieb, offenbar hatten sie nicht zusammengehört. Sabines Kleid war – dank Rundstrick-Gewebe – schon fast trocken, als endlich der Kaffee kam. Der war zumindest heiß und in Verbindung mit der Zigarette halbwegs genießbar. Wahrscheinlich war es kein Rondo oder Mokkafix, sondern der sogenannte Mix, den die allgegenwärtige Kaffee-Krise heraufbeschworen hatte. Keiner wusste so genau, womit das Zeug gestreckt war, und manche nannten ihn scherzhaft „Ho-MoSex" – Honeckers Mokka für sechs Mark.

Die verbliebene fremde Tischnachbarin versuchte vehement, die beiden Jüngeren in ein Gespräch zu ziehen. Sie bedauerte Sabine wegen des Regengusses und zeigte stolz ihren Mini-Knirps aus dem Westen, der in jede Handtasche passe. Dann referierte sie über die jüngste Folge von „Dallas", erzählte über ihre Verwandtschaft „von drüben", bewunderte Iras hellblaue Latzhose und folgerte messerscharf: „Die ist aber nicht von hier!" Schließlich schnorrte sie von Sabine eine „Club" und erklärte, dass sie ja eigentlich gar nicht mehr rauche, nur ausnahmsweise, weil es gerade so gemütlich sei.

Ira verdrehte die Augen und stupste Sabine unterm Tisch mit dem Fuß an. Dann fragte sie mit ernster Miene und gedämpfter Stimme: „Hast du das Richtige gekriegt?"

Sabine holte das kleine Tütchen aus der Tasche, schaukelte es zwischen Daumen und Zeigefinger hin und her und legte es neben den Aschenbecher. Ira griff danach, warf einen Blick hinein, faltete das geheimnisvolle Beutelchen wieder zu, nickte bedeutungsvoll und meinte: „Sieht gut aus! Dann können wir ja!" Die Frau am Tisch sog an der geschlauchten Zigarette und sah durch die großen Glasscheiben nach draußen. Ihr Redefluss war gestoppt. Sabine rückte an die Freundin heran: „Hast du alles andere organisiert?"

Ira klopfte mit der flachen Hand auf den Latz ihrer wunderschönen Hose und machte eine vielsagende Miene.

„Ja, hab alles mit. Bin doch jetzt offiziell Krankenschwester und sitze an der Quelle."

Die beiden wechselten noch einen verschwörerischen Blick, baten die Tischnachbarin, ihre Plätze freizuhalten, und gingen gemeinsam zur Tür mit dem großen „D". Im gut beleuchteten Vorraum zog Ira den Reißverschluss an ihrem Hosenlatz auf, holte eine Petrischale mit Kanülen heraus und legte sie auf den Waschbeckenrand. Dazu ein kleines Fläschen Alkohol zum Desinfizieren und ein paar Mulltupfer. Sabine öffnete das Papierbeutelchen und schüttete den Inhalt auf die Konsole unterm Spiegel.

Die beiden hatten ihr Vorhaben gerade zur Hälfte ausgeführt, als plötzlich die Tür aufgerissen wurde. Herein traten die Kellnerin und ein Herr mit Schlips und schwarzem Anzug. Im Gefolge die redselige Tischnachbarin, die aber in der geöffneten Tür stehen blieb. „Hab ich's mir doch gedacht!", stieß sie hervor.

Der Schlipsträger packte Iras Unterarm, die Kanüle klimperte auf den Fliesenboden. Sabine stand da wie eine Wachsfigur, den Mulltupfer ans Ohr haltend. In Zeitlupe ließ sie die Hand sinken. Unter dem neuen Ohrstecker sickerte ein kleiner Blutstropfen hervor. Einen Moment lang standen alle wie versteinert da. Plötzlich brach die Kellnerin in schallendes Gelächter aus. „Die haben doch nur ...", sie hielt sich den Bauch, während das dicke Kellnerportemonnaie in ihrem berüschten Servierschürzchen hin- und herhopste. „Ich glaub es nicht! Ohrlöcher! Für Ohrringe! Simple Ohrlöcher!" Der Anzug-Mann schaute drein wie ein Mondkalb. „Nun gucken Sie nicht so!", brachte die Serviererin mühsam, weil noch immer lachend, hervor. Sie wies auf ihre eigenen Ohrläppchen und erklärte: „Ohrringe wie die hier!"

Nach endlosen Sekunden hatte der Mann begriffen, was Sabine und Ira auf dem Frauenklo vom Café „Orchidee" tatsächlich getrieben hatten. Zögerlich ließ er Iras Handgelenk los, rang sich ein süßsaures Lächeln ab, stammelte „'tschuldigung" und setzte seine Schritte rückwärts zur Tür. Die vormalige Tischnachbarin war verschwunden. Kurz darauf verließ auch die Kellnerin das Örtchen. Doch zuvor begutachtete sie noch Sabines Kreole. „Sieht wirklich gut aus!" Iras Hand zitterte noch heftig, als sie Sabines zweites Ohrloch stach, doch sie traf gut.

Schließlich saßen beide wieder auf ihren Plätzen im „Orchidee". Allein! Die noch halb volle Schachtel „Club" war weg, zwei volle Kaffeekännchen standen auf dem Tisch. Als die Kellnerin kassierte, standen 3,36 Mark zu Buche. „Den Nachschlag spendiere ich euch", meinte sie lachend. „So was hab ich noch nicht erlebt. Wahrscheinlich hat die zu viel Westfernsehen geguckt."

Die Geschichte von Frau B.

Zum Glück ist die Friedrich-Schiller-Universität eine Universität, deren Name relativ bekannt ist. Das liegt an ihrer ruhmreichen Vergangenheit, als berühmte Philosophen und Naturwissenschaftler hier gelehrt haben; von Goethe und Schiller ganz zu schweigen. So kam es, dass während ihrer Umgestaltung zu Beginn der 1990er-Jahre namhafte Professoren aus den süd- und westdeutschen Bundesländern einem Ruf nach Jena folgten. Zu ihnen gehörte auch Professor B. Er mietete eine Wohnung in einem Mehrfamilienhaus, wo er wochentags wohnte. Am Wochenende fuhr er zu seiner Familie ins Rheinland. Nach einigen Wochen, als er Jena schon ein wenig ins Herz geschlossen hatte, bat er seine Frau, ihn doch für eine Weile zu besuchen, um ihr seine hiesigen Lebensumstände vorzuführen.

Frau B. kam an einem Donnerstag spät abends an. Beim Frühstück am Freitag erklärte ihr Mann, dass er am Vormittag eine Vorlesung habe. Sie solle sich ausruhen. Am Nachmittag werde er ihr die Stadt zeigen. Als er gegangen war, schaute Frau B. sich erst einmal in der Wohnung um und beschloss dann, das Treppenhaus zu wischen. Sie befürchtete, ihr Mann könnte solche nebensächlichen häuslichen Pflichten vernachlässigt haben. Als sie gerade mitten bei der Arbeit war, wurde die Haustür zur Straße geöffnet. Frau M., die Mieterin aus dem dritten Stock, trat ein. Frau M. stammte aus Berlin und hatte sich auch nach zwanzig Jahren in Jena ihren heimischen Dialekt bewahrt. „Wat denn", sagte sie, „een neuet Jesicht im Hause?" Frau B. richtete sich etwas verlegen aus ihrer leicht gebückten Haltung auf und erwiderte: „Ja, ich bin Frau B., also die Ehefrau vom Professor." – „Klar", konterte Frau M. mit Blick auf den Wischeimer, „dat se nich de Jeliebte sin, seh ick."

Musikalische Wiedervereinigung

Es ist so weit! Nach der Wende kann das Zeiss-Orchester endlich auch im Westen auftreten. Eine der ersten Konzertreisen führt nach Oberkochen, dem Sitz der Konzernleitung. Natürlich gab es am Konzerttag eine Probe an Ort und Stelle und … das Programm war wieder mal insgesamt zu lang. Also musste gekürzt werden. Der Dirigent Roland Weske entschied, dass sämtliche Wiederholungen in dem bekannten Stück „Berliner Luft" weggelassen werden sollten. Alle Musiker notierten sich entsprechende Zeichen oder strichen die Wiederholungszeichen auf ihrem Notenblatt durch. Bloß, der Dirigent und die Musiker hatten nicht bedacht, dass „Berliner Luft" zu den Stücken gehört, die wegen ihrer Bekanntheit den meisten Menschen, eben auch Musikern, in Fleisch und Blut übergegangen sind.

Der Abend kam. Der Dirigent, der das Programm moderierte, kündigte an, dass das Orchester „Berliner Luft" als kleines Geschenk mitgebracht hat. Lächelnd gab er den Einsatz und schon nach der zweiten Wiederholung war klar, dass die Hälfte des Orchesters die Wiederholungen spielte, die andere Hälfte aber nicht. Es hörte sich an wie ein musikalisches Ringen zwischen Streichern und Bläsern. Die Berliner Luft wurde immer undurchsichtiger und hätte beinahe zu einem chaotischen Zusammenbruch des Stückes geführt. Doch im Schluss-Refrain trafen sich alle Instrumente wieder.

Roland Weske mit dem Zeis-Orchester zum Frühlingskonzert
2013 im Volkshaus.

Roland Weske drehte sich zum Publikum und kommen-
tierte diese eigenwillige Darbietung mit den Worten: „Wie
Sie hören konnten, gibt es in Berlin viele Baustellen und
dadurch kommt es eben manchmal zu Staus und Umlei-
tungen." Das Publikum quittierte diese Begründung mit
ausgelassenem begeisterten Beifall. Wetten, dass sich bis
heute jeder, der dabei gewesen ist, an dieses Konzert er-
innert!

Der Minensuchhund

Endlich wehte ein frischer Wind durchs Land. Die Mauer war gefallen, es gab Bananen und Apfelsinen so viel man wollte und das Begrüßungsgeld war längst ausgegeben. Der Große Bruder schickte sich an, die Heimreise anzutreten und während die ersten Züge gen Osten rollten, kamen aus der anderen Richtung die Brüder und Schwestern ins Land. Die Euphorie der ersten Begegnungen und Umarmungen war abgeklungen, nun stand Arbeit an. Expertenwissen war gefragt, als vieles entrümpelt und Neues aufgebaut werden sollte. Doch weil es den meisten schwerfällt, sich von Altem zu trennen, gab es nicht selten Streit. Die Experten von drüben – und so mancher „Experte" war ja wirklich darunter – bekamen das Prädikat „Wessi" verpasst, einige verdienten sich die Zusatzqualifikation zum „Besserwessi".

Auch auf die Volkspolizei kamen neue Aufgaben zu. Unterstützung erhielten die einstigen Vopos von Kollegen aus dem Westen, einer jener Beamten kam aus Hessen. Zunächst blieben seine Frau und das Kind in der Heimat, wie so viele Experten pendelte der Polizist zur Arbeit nach Thüringen. Nun hatte die Familie einen Hund und dieses Tier war nicht irgendein Hund, sondern ein ausgebildeter Minensuchhund. Leider wies er einen Makel auf, der ihn für seinen Job untauglich erscheinen ließ. Anstatt die gefundenen Minen – wie es sich für einen guten Minensuchhund gehört – ordentlich zu verbellen und so ihren

Fundort anzuzeigen, pflegte dieser Hund die gefährlichen Sprengkörper zu apportieren und schwanzwedelnd seinen Ausbildern vor die Füße zu legen. Eine Eigenschaft, die jedem Jagdhund zur Ehre gereicht hätte, den Ausbildern jedoch Schweißperlen ins Gesicht zauberte und ihnen die Haare zu Berge stehen ließ. Der Hund sollte folglich aus dem Polizeidient entlassen und eingeschläfert werden. Doch unser Polizist hatte Mitleid und nahm sich des Tieres an.

Nun begab es sich, dass die Ehefrau des Polizisten eines Tages auf Besuch nach Jena kam. Sie hatte den Sohn und ebenso den Hund im Auto und fuhr die damals noch recht holprige Autobahn A 4 entlang in Richtung Thüringen. Es war ein heißer Tag und die hinteren Fenster des Autos standen offen. Plötzlich rief der Junge, die Mutter möge mal anhalten. Ein kleiner Vogel hatte sich durchs offene Fenster ins Auto verirrt und flatterte nun aufgeregt um den Kopf des Jungen. Die Frau fuhr rechts ran, machte den Warnblinker an und stieg aus. Die Autobahn war längst noch nicht so stark befahren wie heute, nur wenige Wartburgs und Trabis knatterten gen Westen, in der Gegenrichtung waren Opel, BMW und VW unterwegs. Als die Frau die hinteren Türen öffnete, um das Vögelchen in die Freiheit zu entlassen, entwischten ihr Vogel und Hund. Während der eine fröhlich davonflatterte, rannte der andere hechelnd über eine Wiese an der Autobahn. Trotz mehrfacher Rufe kehrte der Hund nicht um. Der Junge auf dem Rücksitz begann zu weinen.

Während die Mutter nun ihr aufgeregtes Kind zu beruhigen suchte, fiel ihr plötzlich siedenheiß ein, wo das Auto stand. Gerade hatten sie den Grenzkontrollpunkt Herleshausen passiert, es waren nur noch wenige Kilometer bis Eisenach. Sie befanden sich folglich genau auf Höhe des einstigen Todesstreifens. „Minen!", ihre Alarmglocken schrillten. Flugs sprang sie ins Auto und schlug die Tür zu. Ängstlich musterte sie die Wiese an der Autobahn. Jeden Moment konnte der Hund zurückkehren, schwanzwedelnd, eine Mine im Maul. Sollte es hingegen auf der Wiese eine Explosion geben, müsste sie dem Kind erklären, dass der Hund nicht zurückkommen würde. Bange Minuten vergingen. Die Sonne brannte aufs Auto, draußen zirpten die Grillen und andere Fahrzeuge rauschten vorbei. Dann – endlich – kehrte der Hund zurück. Er wedelte fröhlich mit dem Schwanz, war abgekämpft und zerzaust. Im Maul trug er: nichts. Die Fahrt nach Jena konnte weitergehen.

WEITERE BÜCHER AUS DEM WARTBERG VERLAG FÜR IHRE REGION

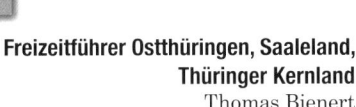